ASC叢書1

一般社団法人アリーナスポーツ協議会 監修
大学スポーツコンソーシアムKANSAI 編

大学スポーツの新展開
日本版NCAA創設と関西からの挑戦

晃洋書房

ASC 叢書の刊行に寄せて

　わが国においては，来年からラグビーワールドカップ2019や2020東京オリンピック・パラリンピック競技大会，ワールドマスターズゲームズ2021関西などの世界規模の国際競技大会の開催が予定されています。

　国民のスポーツに対する関心がこれまでにないほど高まる中，スポーツ庁では，① スポーツで「人生」が変わる，② スポーツで「社会」が変わる，③ スポーツで「世界」とつながる，④ スポーツで「未来」を創ることを4つの基本方針とする第2期スポーツ基本計画を策定し，スポーツに関する施策の総合的かつ計画的な推進を図っているところです。

　スポーツ立国を実現していくには，関係者が一体となって取り組んでいくことが重要ですが，特に，スタジアム・アリーナ改革などによるスポーツの成長産業化，日本版NCAAの創設などによる大学スポーツの振興，スポーツツーリズムなどによる地域活性化は，スポーツの関係者のみならず，様々な分野の方々が関心を持ち，力を合わせて取り組んでいくことによって初めて成果を上げることができる課題であると考えています。

　本叢書は，第一巻の『大学スポーツの新展開』をスタートとして，スポーツ分野における新たな取り組みについての理念や方向性，最新の動向を体系的に示していこうとしているものです。

　本叢書が幅広く活用され，スポーツへの理解が深まるとともに，日本のスポーツの新たな展開を牽引するものとなることを期待しています。

2018年3月

スポーツ庁　次長

今 里　譲

序　文

　「観るスポーツ」「魅せるスポーツ」を標榜し，「スポーツを観る文化」を世に問いたいとしてアリーナスポーツ協議会は2013年にスタートしました。

　2013年10月に「アリーナ標準」，2016年9月に「ARENA GUIDELINE」を発刊しました。

　このたび，関西の各大学の先生方のご協力をいただき，『大学スポーツの新展開』を世にだすこととなりました。観るアリーナスポーツを研究していたところ，大学の体育館と出会い，ならびに大学スポーツそのものに強い関心があり，どうしても研究をしたくなりました。

　大学生が自らの大学のスポーツを「観る」ことが，日常の当たり前の活動になった時，日本のスポーツは大きく変化することができるでしょう。それほどに日本のスポーツにおいて大学スポーツの存在は大きなものがあります。

　2018年3月

一般社団法人　アリーナスポーツ協議会

代表理事　村　林　　裕

ASC 叢書刊行に際して

　(一般社団法人)アリーナスポーツ協議会は，バスケットボール，バレーボール，フットサルのリーグ団体を中心に，企業や自治体の会員とともに，「アリーナ標準」の発行など日本のアリーナスポーツ発展のために2013年より活動してきた。

　活動を通じてわかったことは様々あるが，そのひとつに，「スポーツ界全体の発展なくしては，アリーナスポーツの発展もない」ということがある。

　日本のスポーツ界は，競技パフォーマンスについては，先進諸国と肩を並べてきたが，ビジネス面，マネジメント面などそのサポート機能については後塵を拝していると言わざるを得ない。各国のスポーツが発展するにつれて，競技パフォーマンスでも日本が苦戦を強いられるケースも出てきている。

　これから日本のスポーツ界が発展するためには，スポーツのサポート機能が充実されなくてはならない。スポーツをサポートすることが産業として認められてから日も浅く，現場での経験を系統だって説明できる人も数少なく，学識経験者も現場を経験している人も少ない。その結果，現場が周囲から理解を得られなかったり，誤解があったりする。しかしながら指針を示す学術論文等は，まだまだ質量ともに乏しいと言わざるを得ない。それでは，スポーツの発展はおぼつかない。

　アリーナスポーツ協議会は，学識経験者とスポーツの現場をつなぎ，出版の機会を用意することで知見を共有するために ASC 叢書を発刊することにした。日本のスポーツ発展の一助となれば，この上ない喜びである。

2018年3月

一般社団法人　アリーナスポーツ協議会　理事
ASC 叢書編集責任者
花　内　　誠

はじめに

"203X 年秋，ここは関西のとある大学の MIRAI スタジアム。
　1 万人以上を収容する観客席は，多様な年齢層の観客で埋め尽くされている。大学対校の熱戦に，観客は大きな興奮に包まれており，激しい攻防のやりとりは試合を観ていなくても双方の応援席のどよめきから容易に判別できるほど。もちろん試合はネット配信されており，世界中の人々が同時に視聴している。観客席やネットで応援している中高生は憧れの大学生アスリートの素晴らしいプレイにほれぼれし，同級生たちは大学を代表するアスリートの活躍を誇らしく思い，地元の住民たちは普段の優しく頼りになる学生たちが，非日常の世界で激しく駆けめぐっている姿にどぎまぎしている。ここに集うのは学生アスリートと直接的・間接的な接点を持ち，様々な媒体を通じて応援に駆けつける関係者，地域の人々，ファンたち。スタジアムには彼らの「みる」をサポートするしかけが施されており，観客は何も装着しなくても刻一刻と変化する試合状況をリプレイし，解説を聞き，選手情報を望むときに手に入れることができる。選手に応援メッセージを送ることも……。
　この MIRAI スタジアムには，地域と大学が連携しハード，ソフトの資源も共有しながら，多くの企業，産業を巻き込んで活性化している形がみてとれる。大学のスポーツを起点とした，関西のみならず日本の発展は，20数年前には考えられなかった光景で……。"

　上記の話は，筆者の夢物語とも限らず，この本の執筆に関わっていただいた関係者，ならびにこの間，休みも関係なく，関西の大学スポーツを盛り上げよう，大学スポーツから関西を元気にしよう，大学スポーツの力を発信しよう，

という意気込みを持った多くの会議・シンポジウムの参加者の方々との議論から見えた，実現可能な未来です．そして，このように大学スポーツが盛んになることで，母校愛，地域愛，スポーツ参加率，健康意識の向上，さらには大学の知的資源（教育，研究）への関心が高まり，中高年層の大学院進学，企業との産学連携，学生を含めた新しい形での起業など，多くの波及効果がもたらされるでしょう．

　本書に示されているように，今から6年前に関西の五大学が集まり，「大学スポーツ」の今後について議論したのが，大学スポーツコンソーシアムKANSAI設立の発端です．その後，いろいろな経過をたどりながら，国レベルでの大きな政策にも後押しされる形で，大学スポーツ振興関西地区検討会の12大学の有志が発起人となり，本格的な組織・体制づくりがスタートしました．9回を数える検討会，幹事校の教職員の打ち合わせなどを経て，この4月から，「大学スポーツコンソーシアムKANSAI」として大学スポーツのより一層の振興とともに，叡智を結集して，大学スポーツの新しい展望を拓いていくことを目指しています．

　もちろん，このような大きな事業は，大学関係者だけでは進めることができません．試合の運営に関わる，学連，競技団体，学生団体，そして熱心なサポーターである保護者，OB・OGの関係者，地域の住民に支えてもらわなければなりません．加えて，これまでは大学スポーツあるいは大学と縁が遠かったと思われる多くの方々，企業・団体の関係者に「関西を元気に，日本を元気に」という旗印のもとに集まってもらわなければなりません．そのような大きなプラットフォームの構築も，この組織の果たすべき役割です．

　「知らないものは，気にならない」のと同様に，関西の大学スポーツをまずは多くの方に知ってもらう，みてもらうことが必要です．そのためのきっかけづくりを，1つの大学だけでなく，多くの大学を巻き込んだ大学スポーツコンソーシアムKANSAIから発信したいと願っています．その上で，この大きなプラットフォームにある，大学，地域，企業，個人が，大学スポーツを切り口

として，イノベーションをどんどん創発していくことで，大きな広がりと元気の輪を拡げてくれると確信しています．

"翌日のスタジアム周辺をみてみると，スタジアム下のトレーニングルームではいつも通り大学アスリートが身体を鍛え上げている．そのスタジアムの外周道路では，地域の人々が三々五々集まりながら，運動情報をモニタリングするスマートウエアを着用してウォーキング，ジョギングを開始している．スタジアム周辺に備え付けられた超指向性スピーカーによるアドバイスを，適切なタイミングで受けながらトレーニングを行っている．子どもたちはスタジアム周辺に仕掛けられたe-sportを楽しみながら自然と駆け回っている．興味深いことに，このスタジアムは地域の防災拠点としての機能があり，住民は周辺を利用しているときに，知らず知らずに認識できるようになっている．

また，あるオフィスを覗いてみると，大学スポーツの話題を切り口に挨拶，雑談がはじまり，前向きで元気なアイディアが生み出されている．また，あるところでは，観戦をきっかけに知り合ったグループが新しい商品開発についてTV会議で議論をしている．次の観戦前に試作品について検討しようという話に……．"

多くの人に，大学スポーツを知ってもらい，みてもらい，応援してもらい，ささえてもらい，そしてそこから新しいものが生み出されることを願っています．そのための一番目は，愛され，誇りに思われる学生アスリートを，関係するみんなで育てていくことにあります．そのための環境づくり，体制づくり，指導者，ガバナンスなどを整備していく課題もあります．これらの課題をしっかりと踏まえながら，この事業を推進しようという熱き想いをもった皆さんによって，本書は極めて短期間にまとめられました．執筆いただきました筆者のみなさんに心より敬意とお礼を申し上げます．また，各Chapterの編集をお願いした編集担当の先生方には，ご自身の原稿とともに編集の労を執っていた

だきました。心より感謝申し上げます。さらには，この企画から最終の仕上げまで，粘り強く見守っていただきました晃洋書房　吉永恵利加さんには編著者一同心よりお礼申し上げます。

　本書が，これからの大学スポーツを考え，そして大学スポーツの発展の一助になれば，執筆者全員の喜びです。

「大学スポーツがあって良かった！」

と一人でも多くの人に感じてもらえることを心から願っています。

　　2018年3月　近江富士を眺めながら

編著者を代表して

伊　坂　忠　夫

Contents

ASC 叢書の刊行に寄せて
序　文
ASC 叢書刊行に際して
はじめに

Chapter 1　大学スポーツ改革のあゆみ …………… 1

- 01 わが国のスポーツ政策の変遷　（1）
- 02 大学スポーツ改革の視点　（7）
- 03 関西の大学体育・大学スポーツのあゆみ　（11）
  ──関西五私大学体育研修会からのスタート
- 04 大学スポーツの新たな歩み　（16）
  ──大学スポーツコンソーシアム KANSAI

Chapter 2　大学横断的かつ競技横断的統括組織 ………… 23

- 01 日本版 NCAA の出発点　（23）
- 02 NCAA とはなにか　（28）
- 03 BUCS とはなにか　（33）
- 04 日本版 NCAA の意義と視点　（38）
- 05 日本版 NCAA の課題と展望　（45）
  ──各大学によるスポーツ活動の位置づけも含めて

Chapter 3	大学スポーツのガバナンス …………………………53

01 | トップ層の理解に向けて　(53)
02 | スポーツ部局設置の意味　(58)
03 | OB組織との相互関係の構築　(63)
04 | 学生連盟・競技団体との連携　(67)
05 | 大学スポーツのガバナンスの課題　(71)

Column 1　伝統的な大学スポーツ広報機関紙
　　　　　「同志社スポーツアトム」の歴史と役割　(78)
Column 2　追手門学院大学／高校大学連携の事例　(80)
Column 3　関西の学連の試み／バレーボール　(82)

Chapter 4	学生アスリートの教育 ……………………………85

01 | スポーツ選抜入試の現状と課題　(85)
02 | 教育プログラムの確立　(91)
　　　──ライフスキルプログラムと学修支援
03 | スポーツマネジメント人材の育成　(97)
　　　──課外活動に求められる人材像
04 | デュアルキャリア支援のあり方　(103)

Column 4　龍谷大学／ライフスキルプログラムの事例　(108)
Column 5　関西学院大学／学生アスリートのキャリア支援事例　(111)

Chapter 5	学生スポーツの指導者…………………………115

01 | 学生スポーツの指導者とは　(115)
02 | 「人財」を育てる指導・コーチングプログラム　(120)
03 | 教育機関の指導者に求められる共通スキル　(125)

04 ｜ 現状の学生スポーツの指導者の課題　（130）
Column 6　コーチングフィロソフィー　（135）

Chapter 6　大学スポーツ振興のための資金調達 ………139

01 ｜ 大学スポーツの資源とは　（139）
02 ｜ 大学のブランディング　（142）
03 ｜ 大学のマーケティング　（150）
04 ｜ 大学スポーツ振興のための資金調達の課題　（153）
Column 7　大阪体育大学／ブランディング事例　（159）
Column 8　神戸大学エレコムグラウンド　（161）
Column 9　University Identity の醸成　（163）
　　　　　──関西大学体育会「カイザーズ」を事例に

Chapter 7　大学を核としたスポーツ健康コミュニティの創造 …167

01 ｜ 大学スポーツの発展につなげるリエゾン機能　（167）
02 ｜ 大学スポーツにおけるヒューマンリソースマネジメント　（172）
03 ｜ 大学を核としたスポーツによるまちづくりの創造と展開　（177）
Column 10　立命館大学／地域貢献事例　（182）
Column 11　近畿大学／TOP アスリート教育事例　（185）
　　　　　──ペルー共和国野球振興支援ボランティア連携
Column 12　武庫川女子大学／スポーツセンター事例　（188）

「おわりに」にかえて　（191）

Chapter 1 大学スポーツ改革のあゆみ

01 わが国のスポーツ政策の変遷

1 スポーツと政策

　スポーツは，世界共通の人類の文化であるとともに，現代社会において多様な意義と役割が期待されており，スポーツ政策は，世界各国で展開される重要な政策課題の一つとされる。スポーツ政策とは，スポーツと関係する集団・組織等がスポーツに関する問題や課題を解決し，特定の目標を達成するために行う決定や行動の指針のことである。

　近年のわが国においては，スポーツを国の重要な施策とするスポーツ立国の流れの中で，2011年に制定されたスポーツ基本法（平成23年法律第78号）に基づき，スポーツ基本計画（平成24年 3 月30日文部科学省告示第65号），第 2 期スポーツ基本計画（平成29年 3 月24日文部科学省告示第46号）の策定等，国レベルでスポーツ政策に関する大きな決定（政策決定）がなされてきた（表 1 - 1 参照）。

2 スポーツ基本法

　スポーツ基本法（2011年制定）は，スポーツに関する基本理念を定め，国・地方公共団体の責務やスポーツ団体の努力等を明らかにするとともに，スポーツに関する施策の基本となる事項を定めるものである。スポーツ基本法は，スポーツの振興に関する施策の基本を定めた日本で最初の法律であるスポーツ振

表1-1　わが国のスポーツ政策等の動向

年月	動向
昭和36（1961）年6月	「スポーツ振興法」制定
平成10（1998）年5月	「スポーツ振興投票の実施等に関する法律」等の制定
平成12（2000）年9月	「スポーツ振興基本計画」策定
平成18（2006）年9月	「スポーツ振興基本計画」改定
平成22（2010）年8月	「スポーツ立国戦略」策定
平成23（2011）年6月	「スポーツ基本法」制定
平成24（2012）年3月	「スポーツ基本計画」策定
平成25（2013）年9月	2020年東京オリンピック・パラリンピック競技大会開催決定
平成27（2015）年10月	スポーツ庁発足
平成28（2016）年2月	スポーツ未来開拓会議（スポーツ庁，経済産業省）立ち上げ
平成28（2016）年4月	大学スポーツの振興に関する検討会議（スポーツ庁）設置
平成28（2016）年6月	「日本再興戦略2016」閣議決定，スポーツ未来開拓会議中間報告公表
平成28（2016）年11月	大学スポーツの振興に関する検討会議タスクフォース（スポーツ庁）設置
平成29（2017）年3月	大学スポーツの振興に関する検討会議最終とりまとめ公表
平成29（2017）年3月	「第2期スポーツ基本計画」策定
平成29（2017）年6月	「未来投資戦略2017」閣議決定
平成29（2017）年7月	第2期スポーツ基本計画の着実な実施について（諮問）

興法（昭和36年法律第141号）を50年ぶりに全部改正するものであり，前文，5章35条と附則から構成されている。スポーツ基本法前文では，「スポーツを通じて幸福で豊かな生活を営むことは，全ての人々の権利」であることが確認され，スポーツが，青少年の健全育成，地域社会の再生，心身の健康の保持増進，社会・経済の活力の創造，わが国の国際的地位の向上等，国民生活において多面にわたる役割を担うことを明らかにしている。また，スポーツ振興法が国や地方公共団体の施策を中心として定めていたのに対し，スポーツ基本法は，スポーツに関する基本理念の実現を図るため，国・地方公共団体・スポーツ団体の役割や相互の連携・協働を掲げている。

3 スポーツ基本計画

　スポーツ基本法第9条の規定に基づき，2012年3月，スポーツ基本計画（以下，「第1期計画」という）が策定された。第1期計画は，スポーツ基本法の理念を具体化し，2012年から10年間程度を見通した概ね5年間のわが国のス

ポーツ政策の具体的な方向性を示すものとして，また，国，地方公共団体およびスポーツ団体等の関係者が一体となって施策を推進していくための重要な指針として位置づけられるものである。第1期計画では，スポーツを通じて全ての人々が幸福で豊かな生活を営むことができる社会の創出を目指し，「学校と地域における子どものスポーツ機会の充実」，「若者のスポーツ参加機会の拡充や高齢者の体力つくり支援等ライフステージに応じたスポーツ活動の推進」，「住民が主体的に参画する地域のスポーツ環境の整備」，「国際競技力の向上に向けた人材の養成やスポーツ環境の整備」，「オリンピック・パラリンピック等の国際競技大会等の招致・開催等を通じた国際交流・貢献の推進」，「ドーピング防止やスポーツ仲裁等の推進によるスポーツ界の透明性，公平・公正性の向上」および「スポーツ界における好循環の創出に向けたトップスポーツと地域におけるスポーツとの連携・協働の推進」の7つの政策目標に基づき，それぞれの政策目標ごとに施策目標と具体的施策展開が示された。

また，第1期計画策定後，2020年東京オリンピック・パラリンピック競技大会の開催決定や障がい者スポーツ行政の移管等により，スポーツ政策を総合的・一体的に推進するため，2015年10月，文部科学省の外局として新たにスポーツ庁が創設された。スポーツ庁は，スポーツに関する基本的な政策の企画および立案並びに推進や，関係行政機関の事務の調整を行うことにより，国のスポーツ政策の中核を担うことが期待されている。

4 第2期スポーツ基本計画

2017年3月，スポーツの推進に関する新たな基本計画として，第2期スポーツ基本計画（以下，「第2期計画」という）が策定された。第2期計画は，2020年の先を含む5年間（2017年4月〜2022年3月）のスポーツ政策として，全ての人々がスポーツに関わりスポーツの価値を享受できるよう，スポーツを「する」「みる」「ささえる」といった多様な形での「スポーツ参画人口」を拡大して「一億総スポーツ社会」の実現を目指すとされた。また，スポーツの主役は

国民と国民に直接スポーツの機会を提供するスポーツ団体等であるとし，国民，スポーツ団体，民間事業者，地方公共団体，国等が一体となってスポーツ立国を実現していくことが必要だとしている。第2期計画では，5年間に総合的かつ計画的に取り組むべき施策として，「スポーツを『する』『みる』『ささえる』スポーツ参画人口の拡大と，そのための人材育成・場の充実」，「スポーツを通じた活力があり絆の強い社会の実現」，「国際競技力の向上に向けた強力で持続可能な人材育成や環境整備」および「クリーンでフェアなスポーツの推進によるスポーツの価値の向上」の4つの政策目標が示され，それぞれの政策目標ごとに施策目標（計19）と具体的施策（計139）が盛り込まれた。

今後のわが国のスポーツ政策は，この第2期計画に対応して，毎年具体的な事業やプロジェクトが決定され，スポーツ庁を中心とした実施と地方公共団体やスポーツ団体等関係者による事業への主体的な参画がなされていくといえる。

5 スポーツ政策と大学スポーツ

第2期計画以前に策定されたスポーツ振興基本計画，スポーツ立国戦略，第1期計画等において，大学は，人材・施設・研究等の面でスポーツに関する豊富な資源を有している存在として認識されてきた。そのため大学は，主にスポーツ政策における国や地方公共団体の連携先として，地域スポーツとの連携，競技力向上拠点としての活用，体育教員やスポーツ指導者の養成，スポーツ医・科学研究の推進等の役割が期待されてきた。例えば，第1期計画では，「住民が主体的に参画する地域のスポーツ環境の整備」という政策目標のもと，「地域スポーツと企業・大学等との連携」という施策目標が掲げられている。したがって，これらの計画の中では，大学スポーツの振興自体は，スポーツ政策における個別具体的な政策課題として設定されてこなかったといえる。

しかし，スポーツ庁の発足から第2期計画が策定される1年強の間に，大学スポーツをめぐっては，「スポーツ未来開拓会議」の立ち上げ，「大学スポーツ

の振興に関する検討会議」の設置,「日本再興戦略2016」における大学スポーツ振興に向けた国内体制（大学横断的かつ競技横断的統括組織：日本版NCAA）構築の明記,「スポーツ未来開拓会議」中間報告の公表,「大学スポーツの振興に関する検討会議タスクフォース」の設置,「大学スポーツの振興に関する検討会議」最終とりまとめの公表等,急激に検討が進められてきた。

それらを受けて,第2期計画では,「スポーツを『する』『みる』『ささえる』スポーツ参画人口の拡大と,そのための人材育成・場の充実」という政策目標のもと,スポーツ環境の基盤となる「人材」と「場」の充実のために,「大学スポーツの振興」という施策目標が初めて設定された。具体的には,大学のスポーツ資源(学生,指導者,研究者,施設等)の活用により,人材輩出,経済・地域の活性化とともに,大学スポーツ振興に向けた国内体制の構築が目指され,① 大学スポーツ振興の機運の醸成,② 大学スポーツや大学全体の振興を図るための体制整備の促進,③ 学生アスリートのキャリア形成・学修支援等大学の積極的な取組の推進,④ 大学スポーツ振興に向けた国内体制の構築といった4つの具体的施策が示されている。また,② 大学スポーツや大学全体の振興を図るための体制整備の促進という具体的施策には,「大学スポーツアドミニストレーターを配する大学」という成果指標が設定され,目標値は「100大学」とされた。(図1-1参照)

この「大学スポーツの振興」に関しては,関西地区の大学において国より先んじて検討がなされてきたが,スポーツ政策全体の中では新たに設定された政策課題といえる。したがって,大学は「大学スポーツの振興」に際し,従前の「大学」あるいは「大学スポーツ」に期待される役割・機能とは異なり,大学が大学スポーツの仕組み自体を見直すことやその望ましいあり方の構築に向けて主体的な役割・機能を果たすことが求められているといえる。

一方,2017年7月のスポーツ庁長官の諮問では,第2期計画内の施策の中には新たな政策課題もあるため,施策の体系化や施策遂行の手法が確立していないとの言及がなされている。換言すると,近年のスポーツ政策は,その急激な

図1-1 第2期スポーツ基本計画における「大学スポーツの振興」施策の概要

出典：スポーツ庁HP,「スポーツ基本計画の解説」(http://www.mext.go.jp/sports/b_menu/sports/mcatetop01/list/detail/__icsFiles/afieldfile/2017/04/14/jsa_kihon02_slide.pdf, 2017年9月20日閲覧)。

展開がゆえに，十分な議論や裏付けがなされないまま企画・立案され，実施に移されているという問題点を指摘しているといえる。大学スポーツの振興施策もまたスポーツ政策全体にいかに位置づき，他の個別施策とどのように連動し，かつ十全に機能していくかが問われており，今後は，PDCAサイクルの適切な実施等を通じて，大学スポーツ振興施策のよりよい展開が期待される。

参考文献

菊幸一・齋藤健司・真山達志・横山勝彦編（2014）『スポーツ政策論（初版第2刷）』成文堂。

文部科学省（2017）『スポーツ基本計画（文部科学省告示第46号）』平成29年3月24日官報（号外第61号）。

（松畑 尚子）

02 | 大学スポーツ改革の視点

1 わが国におけるスポーツ振興の方向性

　2011年に制定されたスポーツ基本法に基づき，スポーツに関する施策の総合的かつ計画的な推進を図るための重要な指針として位置づけられる第2期スポーツ基本計画が2017年3月に策定された。「スポーツが変える。未来を創る。Enjoy Sports, Enjoy Life」というキャッチフレーズのもと，① スポーツで「人生」が変わる！② スポーツで「社会」を変える！③ スポーツで「世界」とつながる！④ スポーツで「未来」を創る！という4つの基本方針を掲げ，「一億総スポーツ社会」の実現を目指そうとするものである。

　2012年に策定されたスポーツ基本計画では，触れられていなかった「大学スポーツの振興」に関して，第2期スポーツ基本計画では，大学が有するスポーツ資源を「人材輩出，経済活性化，地域貢献」などに結びつけるため，大学スポーツ振興を図るための国内体制を構築することが目標に掲げられている。この目標を達成するために国は，① 国と大学関係団体との連携と相互理解による大学スポーツ振興の機運の醸成，② 大学におけるスポーツ分野を戦略的かつ一体的に管理・統括する部局の設置や人材の配置，また大学スポーツ振興を図るための体制整備の促進，③ 学生アスリートのキャリア形成支援・学習支援，大学スポーツを通じた地域貢献，障がい者スポーツを含めたスポーツ教育・研究の推進，スポーツボランティアの育成，大学スポーツ振興のための資金調達力の向上などといった大学の積極的な取り組みの推進，④ 大学及び学生競技連盟などを中心とした大学横断的かつ競技横断的統合組織（日本版NCAA）の創設支援など，大学スポーツ振興を図る国体体制の構築，といった4つの具体的施策を掲げている。

2 大学スポーツにおける「する・みる・ささえる」の好循環

　第2期スポーツ基本計画の中でも謳われている「日本版NCAA」という言葉については，「人気低迷や硬直化した大学スポーツにメスが入る」といった改革に対する期待が示される一方で，「大学スポーツを金儲けの道具にしたり，商業化を推進したりするような動向には反対する」といった否定的な意見も見られた。私立大学のみならず，国立大学においてもスポーツ用品メーカーなどの民間企業との協定が締結される状況にありながら，大学という教育機関におけるスポーツが「神聖化」されているのか，大学と民間企業のコラボレーションは，「Win-Winの関係」というよりも「大学スポーツが企業の食い物にされてしまう」という印象を抱く人が多い傾向にある。米国のNCAAと比較し，規模や大学スポーツを取り巻く文化的・環境的な違いを指摘したり，またNCAAに加盟する大学の8割以上が黒字化していないことを指摘し，黒字化しないような仕組みを導入することなどに意味はないという極端な意見などが見られたりしている。

　大学スポーツ振興関西地区検討会の取り組みについては，Chapter 1-03に委ねるが，この検討会において，株式会社電通スポーツ局部長の花内誠氏は，スポーツの発展で鍵を握るのは，「する・みる・ささえる」の好循環だと述べている。好循環を生むためには，「する → みる」「みる → ささえる」「ささえる → する」の二者間における「→」を促進する戦略的な取り組みが必要だと主張しており，「する → みる」に関しては，選手やチームの勝利や活躍が観客数や視聴率をアップさせ，同時に高いパフォーマンスによって，競技に対する興味づけや選手への憧れが「する」という行為を誘発すると述べている。また「みる → ささえる」に関しては，観戦者の増大による入場料収入や視聴率アップによる放映権料収入が増加すれば，有能な指導者の配置や施設・設備の整備・充実といった，スポーツの実施や観戦に欠かせないスポーツ環境の改善に投資することが可能になると述べている。さらに，「ささえる → する」に関しては，有能な指導者の配置によって選手の育成や競技力の強化が促進されると

ともに，物的・人的に整った環境がスポーツ参加を促進したり，スポーツの継続意欲に重要な応援という心理的サポートを享受したりすることができると述べている。

　花内氏は，大学スポーツ振興において，「する・みる・ささえる」の好循環が生み出せていない要因として，「みる → ささえる」のパスが機能していないと指摘している。観客数が停滞する要因は，競技に対する魅力が薄れているだけでなく，所属大学そのものに対する愛校心の欠落や体育会所属学生との親密度合い，また余暇時間を彩るライフスタイルやエンターテインメントの多様化など様々であるが，大学スポーツにおける「みる」という行為の促進は，スポーツ発展の好循環を生み出す最も重要な要因であると思われる。近年では，大学野球における早慶戦や立同戦といったライバル大学が両者の対決への注目を集めるために，両大学が協力し，ライバル心をあおるようなユニークなポスターを作成するなど，観客動員のアップを図ろうとしているが，花内氏は，学生や教職員がスポーツ観戦を身近な行動と捉えるために，公共施設を利用した「セントラル方式」の試合開催ではなく，「ホーム＆アウェイ方式」による学内施設の利用によって，スポーツを「みる」という行為が促進されるのではないかと述べている。大学は，スポーツの振興だけでなく，在学中の大学に対する満足度の向上や卒業後の寄附政策も視野に入れ，在学生と校友，また大学近隣の地域住民を含め，大学というコミュニティとの結びつきを強める工夫が求められる。

3　大学スポーツに求められるガバナンスと発展的ビジョン

　大学スポーツ改革に求められる視点は，少なくとも2つあると考えられる。1つは，ガバナンスである。課外となるスポーツ活動は，試合会場確保の困難さから授業開講日である平日に試合が開催され続けるような事態が発生したり，大会やリーグ戦の開催場所や期間によっては，学生が相当な経済的負担を負ったりしているケースも少なくない。またスポーツ推薦制度をはじめとした

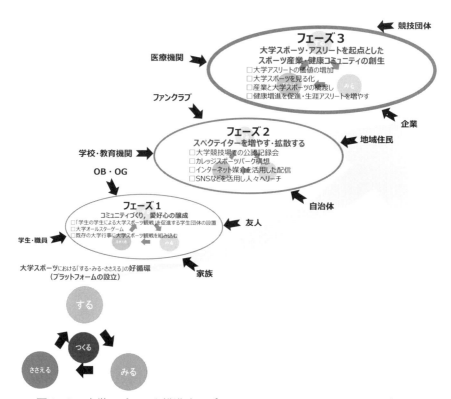

図1-2　大学スポーツを推進するプラットフォームにおける発展的ビジョン
出典：大学スポーツ振興関西地区検討会会議資料より。

　大学間の競技成績優秀者の争奪戦の熾烈化，勝利至上主義への偏重がもたらす体罰問題，競技中心の学生生活による学業成績の低下といった問題もかねてから指摘されている。第2期スポーツ基本計画における大学スポーツ振興に対する期待は，経済活性化や地域貢献よりもむしろ，課外活動にともなう学生生活に及ぼす様々な負担軽減や，学業との両立を踏まえたキャリア形成など，高等教育機関として育成すべき「人財」の輩出にあると思われる。大学が果たすべき役割と大学におけるスポーツ振興のあるべき姿を鑑み，大学と学生競技連盟，また競技団体がスクラムを組んだガバナンス機能を発揮することができる総括

組織の設立が望まれる。

　２つめは，大学スポーツの発展をどのように見据えるかというビジョンを持つことである。大学，学生競技連盟，競技団体などが各々に発展的ビジョンを持つべきであろうが，わが国全体のスポーツ振興を見据え，これまでにおける大学スポーツの深化とともに，多様なステークホルダーとの関係構築やコラボレーションを踏まえ，これまでにない大学スポーツの進化を示すような役割や機能を示すような統括組織としての発展的ビジョンを有する必要があると思われる。図1-2は，大学スポーツ振興関西地区検討会における会議で提示された資料であるが，大学スポーツを推進するためのプラットフォームとなる組織がどのようなステークホルダーを巻き込みながら，「する・みる・ささえる」の好循環を生み出そうとしているのかを示したものである。関西では，少なからず，大学スポーツの発展を考えるプラットフォームが立ち上がる。このような気運が全国に広がればと願うばかりである。

（伊坂　忠夫・長積　仁）

03 関西の大学体育・大学スポーツのあゆみ
──関西五私大学体育研修会からのスタート

1 関西五私大学体育研修会から大学スポーツ政策関西会議の流れ

　1970年代より関西に拠点を置く，関西学院大学，関西大学，同志社大学，立命館大学，龍谷大学の五私大学（以下，関西五私大学）における体育・スポーツ関連担当教員と教学担当事務職員が一堂に会し，情報交換から問題解決や課題の共有を図るという趣旨に基づき，関西五私大学体育研修会を開催している。現在も継続しているこの研修会では，1970年代から大学体育（教養体育）の意義や制度（単位認定），教学上の課題などについて議論がなされた。具体的には，必修科目としての保健体育科目のカリキュラムのあり方，そのためのスポーツ施設などの条件整備や教学事務体制のあり方などが議論の中心であった。その中では，スポーツ選抜入試の学生も含め学生アスリートの単位認定のあり方

についても情報交換がなされた。特に，1991年の大学設置基準大綱化以降では，保健体育科目が必修科目から外れることに関わって，正課としての大学体育（教養体育）の教学上の位置づけとそれをささえる教学事務体制のあり方，そして必修科目担当の保健体育教員の必修科目以外の教学的展開の可能性についての議論が中心であった。

課外活動を含めた大学スポーツという視点からの議論は，1994年に龍谷大学が経済学部・経営学部・法学部の3学部にわたって横断的に展開される学部共通コースであるスポーツサイエンスコースを設置した流れから，1997年度の関西五私大学体育研修会おいて，「カリキュラム改革と大学スポーツ（正課・課外の両者）の今後の展開」についての報告が記録に残っている。その後，2007年度の同研修会において，2008年度開設予定の関西学院大学人間福祉学部，同志社大学スポーツ健康科学部についての紹介，2009年度には2010年度開設予定の関西大学人間健康学部，立命館大学スポーツ健康科学部の紹介がなされ，関西五私大学全てにスポーツ関連学部・学科・コースなどが設置されることとなり，大学スポーツおよび学生アスリートに関する情報交換が活発になされるようになった。そして，2011年度に開催された研修会の懇親情報交換の場において，「スポーツ選抜入学生の教育について（例：入試・教育・キャリア・今後の課題）」などを論題とし，教学事務職員のみならず学生部などの大学スポーツ振興（課外活動）担当事務職員にも声をかけたことが次へのステップの契機となる。この懇親の場では，大学におけるスポーツ振興のあり方を検討し，優秀な学生アスリートが関西から流出することを防ぐとともに，社会からリスペクトされるようなアスリートを関西で育成するための方策などについて，関西五私大学体育研修会とは別の機会に情報を交換する場が必要だという認識が高まり，関西五私大学教職員の有志によるインフォーマルな勉強会が発足した。

その直後の2012年1月に，関西五私大学から有志の教職員が集まり，第1回目の関西五私大学懇談会が開かれ，「関西五私大学スポーツ政策検討会」がスタートすることとなった。会合では，各大学におけるスポーツ振興の現状や学

表 1-2　関西の大学スポーツ改革検討組織のあゆみ

```
関西五私大学体育研修会（1970年代～2017年度現在も継続中）
関西五私大学スポーツ政策検討会（2012年1月～7月 全3回の会議）
関西カレッジスポーツ政策会議（2012年8月～10月 全2回の会議）
大学スポーツ政策関西会議（2012年11月～2015年6月 全13回の会議）
大学スポーツ振興関西地区検討会（2017年1月～2018年3月 全7回）
大学スポーツコンソーシアム KANSAI（2018年4月設立予定）
```

生アスリートの実態などについての現状報告の他，ライフスキルの獲得やスポーツマンシップ教育，また学生アスリートの入学前教育やキャリアデザインなど，この勉強会で検討していきたい内容についての情報交換がなされた。そして，会議で検討を重ねたことや関西五私大学の有志による教職員の想いを大学におけるスポーツガバナンスとしてまとめ，終局的には関西五私大学のみならず関西エリアの他大学へと広げることも視野に入れ，2012年8月の第4回開催から「関西カレッジスポーツ政策会議」と改称した。積み重ねられてきた関西五私大学の関係性と歴史を活かし，各々の大学による一層の連携強化と協働によって，正課と課外活動の両立とスポーツマンシップを持ち備えた学生アスリートの育成，そして大学競技スポーツの健全なる発展に寄与するための議論を重ねた。その結果，2012年11月の第6回開催から「大学スポーツ政策関西会議」とさらに改称し，まずは有志で大学競技スポーツの「関西スタンダード」を確立することを目的とし活動した。

2　大学スポーツ政策関西会議の主な検討内容（2012年11月～2015年6月）

2012年11月の有志による「大学スポーツ政策関西会議」の設置後に関西五私大学を中心に検討を重ねた主な内容は以下の項目である（表1-3）。特に，2013年の夏には，第64回日本体育学会大会組織委員会地域連携企画「これでいいのか大学スポーツ：大学スポーツへの期待と要望」を開催（2013年8月30日）し，約140人の参加者があり，熱心な議論がなされ，大学スポーツに対する問題への関心の高さがうかがえた。また，大学コンソーシアム京都提携科目「大学ス

ポーツ政策論」(2013年〜2015年度3年間)の授業を開講し，立命館大学の学生を中心に京都の大学に所属する多くの学生が受講し，大学スポーツの現状とこれからについて理解を深めた。

　ここまではあくまでも有志の会議体の活動であったが，本格的な組織体制づくりを目指し，2013年10月には関西五私大学の学長に対して，検討会発足の経緯および趣旨・活動の方向性について報告がなされた。内容は，「1．大学競技スポーツ憲章の作成と学生アスリートおよび指導者の教育プログラムの確立」「2．競技団体との協議・連携体制の確立」「3．スポーツマンシップを備えた人材の輩出と高校生・企業・地域社会に対するアピール」という組織のミッションを果たすために，まずは関西学院大学，関西大学，同志社大学，立命館大学，龍谷大学の五私大学がイニシアティブを取り，学長の合意を得て共同声明を出し，大学横断型の公認の「大学スポーツ政策関西会議」を本格的に発足させたいというものであった。その後，2013年11月に開催された会議にて確認されたように，学生アスリート支援を所管する各大学の学生部の協力を得るために，有志ではなく，正式な手続きを踏み，各大学の学生部長および担当職員に対して，これまでの会議で話し合ってきた内容を説明し，今後の連携・協力体制を築く足がかりとなるような場を設けるための説明会の日程調整などを進めた。しかし，各大学長の大枠の理解は得られたものの，学生部等も参加

表1-3　「大学スポーツ政策関西会議」(2012年11月〜2015年6月 全13回の会議)の検討内容

□ 求められる学生スポーツとアスリート像
□ 米国の大学スポーツに見る学生教育（NCAAの発足と取り組みの事例）
□ 体育会学生に対する総合的な支援策
□ 学生アスリートの教育プログラム
□ 学生アスリートのキャリアデザイン
□ 学業と競技を両立するための大会運営に対する提案
□ 関西五私大学の連携による事業体の組織化および事業のあり方
□ 関西学生アスリート検定
□ 大学スポーツ政策関西会議の設置と役割・機能
□ 第64回日本体育学会地域連携企画（これでいいのか大学スポーツ：大学スポーツへの期待と要望）
□ 大学コンソーシアム京都提携科目（大学スポーツ政策論の実施）

する組織として一枚岩になることの難しさを実感し，一定の時間が必要であるとの認識に至った。それでも，これからの大学スポーツのミッションを達成していくために，今後，様々な大学が密接な連携を図り，大学における競技スポーツを統括し，ガバナンスを推進していく機構が必要という考えは変わらなかった。そして，関西五私大学がイニシアティブを取り，2014年に「大学スポーツ政策関西会議（The Conference of College Sports Governance in Kansai）」と有志ではなく，学内の各担当部署の担当者も参加する公式の会議体として発足させるという提案を行った。前述のように大学スポーツの「関西スタンダード」を確立することを目的とし，2015年6月までに全13回の検討を積み重ねてきたが，財源および人的資源の確保の難しさなどの課題を残し，原案の組織体制・づくりが遅れ，1年以上の時間が過ぎていくこととなる。

3 大学スポーツ振興関西地区検討会の主な検討内容（2017年1月～2018年3月）

しかし，この組織が基盤となり，2016年後半から再検討をはじめ，関西全域に広げた「大学スポーツ振興関西地区検討会」が2017年1月に発足することとなる。検討会では，有志による関西の13大学教職員の幹事により6つの事業化への提案について議論を重ねた。その内容は以下の通りである。

① 学生アスリートの育成プログラム（龍谷大学・大阪産業大学）
②「人財」を育てる指導者・コーチングプログラム
　（関西学院大学・近畿大学）
③ 学生アスリートの学業サポート
　（立命館大学・京都大学・武庫川女子大学）
④ 学生連盟・競技団体との連携（追手門学院大学・大阪大学）
⑤ 大学のブランディングとマーケティング（大阪体育大学・同志社大学）
⑥ 大学資源の有効活用と地域連携（神戸大学・関西大学）

関西ではこの検討会での議論を礎とし，2018年4月の「大学スポーツコンソーシアム KANSAI」設立に向けて準備を進めていった。

（松永　敬子・窪田　通雄）

04 大学スポーツの新たな歩み
―― 大学スポーツコンソーシアム KANSAI

1 コンソーシアム創設の背景

　大学において，スポーツは，正課・課外活動にかかわらず，学生が豊かで健康的な生活を送るとともに，人間性や主体性，リーダーシップなどを身に着けるための素養教育として重要な役割を担ってきた。

　中でも課外活動としての大学スポーツ，いわゆる運動部活動は，学生がスポーツ打ち込むことができる重要な機会であり，スポーツの裾野拡大に寄与するとともに，競技力の高いアスリートや優秀な指導者を数多く輩出してきた。一方で課外活動という位置づけゆえに，学生や指導者，競技団体の自主性に実施や運営が委ねられてきており，大会やリーグ戦によっては，試合会場確保の困難さから平日に試合が組まれるため，学生の学業に支障をきたす場合や，学生が相当な経済的負担を負わなければならない場合が散見される。さらに，スポーツ推薦制度等による大学間の選手争奪戦の熾烈化，競技偏重の生活による学業成績の低下，勝利至上主義がもたらす体罰などの問題もかねてから指摘されている。大学スポーツの振興が政策に位置づけられ，公共的役割への期待が高まる中で，大学や競技団体には，このような課題の克服に向けた大学スポーツにおけるガバナンスの構築が求められている。また大学スポーツの環境や実施体制が大きく変わろうとする中で，強豪校と呼ばれるような一部の大学だけが大きなメリットを得て，その他の大学が取り残されるような事態は避けられなければならない。

　大学スポーツの振興と課題解決には，各大学の自助努力が必要な場面もあろう。しかし，大会やリーグ戦等の開催日程・場所の調整は，一つの大学での課

題解決は容易ではない。大学教職員や指導者間の情報交換，大学スポーツにおけるガバナンスの構築などにおいては，多くの大学の連携が望ましい。今後新たな動きを進めるにあたり，大学と競技団体や企業とのプラットフォームを準備しておくことも課題である。国公立・私立を問わず，未来を担う人材を育成する高等教育機関としての公共性を鑑み，競争中心の関係ではなく，共有と協働による高め合いを可能とする仕組みとしてのネットワーク組織の形成が必要である。

このようなことを勘案し，関西地区の各大学がこれまで蓄積してきた大学スポーツにかかわる英知を，「共通の財産」として分かちあいながら，様々な関係者とも連携して，大学スポーツの課題解決とさらなる発展を目指すための仕組みとして，大学横断型の連合体組織・機構「大学スポーツコンソーシアムKANSAI（以下，コンソーシアムと記す）」を創設するに至った。関西地区では，これまでも複数の大学が大学スポーツ振興にかかわる会議や検討会を重ねてきたが，今後はコンソーシアムの下，より多くの大学が連携して，大学スポーツを取り巻く課題の解決と一層の振興のために協働し，ひいては関西地区の活性化に資することを目指す。

2 コンソーシアムのミッションと果たすべき役割

大学運動部の運営は，大学内における自治的活動とはいえ，競技団体をはじめ，加盟大学によって組織化される学生連盟，またOB・OG組織など，多様なステークホルダーが影響を及ぼしており，それに加えて，先に述べたような各大学の入学者確保や経営戦略も関係するため，大学スポーツ振興にかかわる問題は，1つの大学だけでは解決しづらい複雑な課題を数多く抱えている。各大学の自律性を保ちつつ，大学スポーツ振興が抱える複雑な問題を解決するために，大学横断型の連合体組織として創設されるコンソーシアムのミッションと機能は，図1-3に示すとおりである。3つ掲げたミッションの1つめは，学内外からリスペクトされる学生アスリート像を描き，リスペクトされる学生

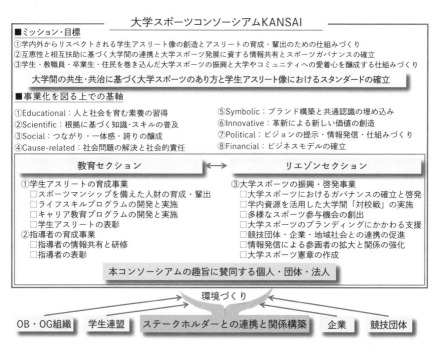

図1-3　大学スポーツコンソーシアムKANSAIのミッションと機能

アスリートを育成・輩出するための仕組みをつくることである。2つめは，互恵性と相互扶助に基づき，大学間が連携し，大学スポーツの発展に資する情報を共有し合いながら，価値あることを大学全体のスタンダードとして認め，大学スポーツのガバナンスを確立することである。そして，3つめは，「する・みる・ささえる・つくる」といった人とスポーツの多面的なかかわりや結びつきを強め，学生・教職員・卒業生・地域住民を巻き込んだ大学スポーツの振興を図るとともに，そのような活動を通じて，大学やコミュニティへの愛着心を醸成する仕組みづくりを進めることである。

　コンソーシアムでは，掲げたミッションを遂行するため，事業化を図る8つの基軸を手がかりに，人の成長を育む教育セクションと，大学間だけでなく，学生連盟や競技団体，民間企業などの多様な組織との橋渡しや連携・協業を図

るリエゾンセクションの2つの視点から「① 学生アスリートの育成」「② 指導者の育成」「③ 大学スポーツの振興・啓発」といった3つの事業を展開していきたい。1つめのミッションにかかわる学生アスリートの育成事業では，学内外からリスペクトされる学生アスリートを育成・輩出するために，知・徳・体を備えたスポーツマンシップや豊かで質の高い生活を送るために必要なライフスキルの獲得に資するプログラムを開発し，実施する。同時に，学生アスリートが学内で学生や教職員に愛されるべき存在となるとともに，卒業後の進路を見据えたキャリア形成に資する教育プログラムも開発し，実施する。さらには，スポーツが生み出す価値やスポーツの教育的価値など，大学スポーツの社会的意義を理解するとともに，科学的かつ適切な指導が施せる指導者を育成・支援するための情報共有や研修機会を設ける指導者の育成事業も手掛ける。

　大学スポーツの振興・啓発事業は，2つめと3つめのミッションとかかわりがあり，1つめのミッションで成し遂げようとすることやそこで生み出そうとする価値を1つでも多くの大学から賛同を得て，大学スポーツのスタンダードとなるようなガバナンスを構築しようとする試みである。コンソーシアムで手掛けることは，単独の大学の繁栄を願うものではなく，大学スポーツ全体の振興に資する取り組みであり，それが各大学の共存共栄にもつながるという考えに立脚している。したがって，学内資源を活用した大学間の「対校戦」を促進したり，学生・教職員・OB・OG・地域住民を巻き込んだスポーツ観戦の機会を創出したりすることによって，愛着心やコミュニティ意識の醸成，また大学スポーツのブランディングに結びつけられるような取り組みを支援する事業展開を考えている。コンソーシアムで様々な価値を創出し，情報発信することが競技団体・民間企業・地域社会との連携を促進し，参画者の拡大や橋渡し・連携した組織間の連携強化にもつながると考えている。

3　事を興し，大学スポーツに仕掛ける

　コンソーシアムに参画するメンバーは，先に述べたような趣旨，ミッション，

事業の方向性に賛同する個人・団体・法人である。中でも，中核的な存在を担う大学は，学内のガバナンス，またこれまで成し遂げられていない新しい価値や仕組みを大学間の連携によって創出しようとするため，「学長の合意」に基づいた法人としての参画を望んでいる。まず，コンソーシアムが手掛けるべきことは，コンソーシアムの理念やミッションに賛同する大学を１つでも多く増やすことである。コンソーシアムで成し遂げようとすることは，大学スポーツ振興のあるべき姿や仕組みを築き上げることなので，１つでも多くの大学が賛同することによって，形づくったものの価値がより高まる。同時に，賛同者を増やすだけでなく，コンソーシアムへの参画者とともに「事を興す」ことが重要である。理念やミッションだけでは，何も変わらないし，何も生まれない。賛同者によって形成された組織は，理念とミッションを成し遂げるために，事業に参画し，「組織としての成果」を生み出す必要がある。特に大学のような「個」が確立されている組織が連携を図る場合，「努力目標の提示」のような啓発事業に留まることが多い。そのため，認識の変化をもたらすことができれば，その後，得られた共通認識に基づき，参画する各々の組織が小さな行為を変えながら，価値観を変え，新たなスタンダードや仕組みをつくるという丁寧な手続きと事業プロセスが必要になる。

　大学スポーツの振興，とりわけ，運動部の活動や運営には，多岐にわたるステークホルダーが存在するため，コンソーシアムで創出しようとする価値や仕組みの実質化を図るには，競技団体，学生連盟，そして大学卒業後の受け皿となる民間企業がコンソーシアムにかかわり，連携を図れるような体制づくりが必要になるだろう。また多様な顔を持つ組織によるネットワーク型の組織の場合，連携だけに留まることが多くなるため，協業とその成果を生むことも重要となる。事を興すためには，人的配置が不可欠であるが，スポーツ審議会の答申に則り，第２期スポーツ基本計画が進められれば，大学スポーツ振興を推進する部局の設置や大学スポーツのブランド力向上にかかわる事業開拓などを総合的にコーディネートする「スポーツ・アドミニストレーター」が配置されて

いくことが予想される。まだ端を発したばかりではあるが，コンソーシアムという存在によって大学スポーツに仕掛け，コンソーシアムでしか成し遂げられない成果を着実に生み出したい。

（伊坂　忠夫・峰尾　恵人）

Chapter 2 大学横断的かつ競技横断的統括組織

01 日本版 NCAA の出発点

　2016年4月に馳浩文部科学大臣（当時），鈴木大地スポーツ庁長官の下で開催された「大学スポーツ振興に関する検討会議」の第1回において，「スポーツ産学連携＝日本版 NCAA～スポーツマーケティングから見た大学スポーツの重要性」を電通から提案した。

　その後，一年間にわたり検討会議が重ねられ，2017年3月にとりまとめが行われた。そして2017年度に大学スポーツ振興に関する政策として，競技横断的全国組織の創設の検討と大学スポーツ・アドミニストレーターの設置がスポーツ庁で予算化され実施されている。

　ここでは最初に日本版 NCAA の提案者として，「なぜ，日本版 NCAA が必要なのか？」，その出発点について述べたい。

1 日本版 NCAA の出発点

　日本版 NCAA の出発点は，「日本はどこにスポーツの場を整備するのか？」である。2011年に施行された「スポーツ基本法」の前文に，「スポーツを通じて幸福で豊かな生活を営むことは，全ての人々の権利であり，全ての国民がその自発性の下に，各々の関心，適性等に応じて，安全かつ公正な環境の下で日常的にスポーツに親しみ，スポーツを楽しみ，又はスポーツを支える活動に参

画することのできる機会が確保されなければならない」と明記されている。

この「安全かつ公正な環境」「スポーツに親しみ，スポーツを楽しみ，又はスポーツを支える活動に参画することのできる機会」を「スポーツの場」とするならば，日本という国はどこに，どうやって，その「場」を整備していくのか？ それが出発点である。

2　「スポーツの場」と「スポーツをする場」

注意しなくてはならないのは，「スポーツの場」は，スポーツを「する」「みる」「ささえる」の循環の場であり，単なる「スポーツをする場」ではないということである。

前述のスポーツ基本法にも，「スポーツに『親しみ』，スポーツを『楽しみ』，またはスポーツを『支える』活動に参画」とあり，単なるスポーツを「する」ことを指しているのではなく，スポーツを「みる」「ささえる」ことも含めている。

残念ながら日本では，一般的に「スポーツ施設」というと，多くが「スポーツをする場」であって，「みる」「ささえる」という視点が欠けている場合が多い。今回の日本版NCAAの出発点は，スポーツを「する」「みる」「ささえる」の循環の場を，どこに，どうやって整備していくのか，が出発点である。

3　国によって違う「スポーツの場」

「スポーツの場」をどこに確保していくのかは，国によって大きな違いがある。現代スポーツが発展する歴史的過程において，その国や地域の社会・経済等のシステムと大学などの学校制度の整備過程が，雇用体系や税金・年金・福祉の違いを生むのと同様に，スポーツの場や担い手にも大きな影響を及ぼす。

ヨーロッパの多くの国では，地域クラブが「スポーツの場」として発展しているし，米国などでは学校を中心にスポーツが発展してきたという地域特性がある。日本や韓国などでみられる「企業スポーツ」（実業団スポーツ）も同様に社会・経済システムから生じる地域特性とも捉えることができる。

さらに国によっては，政策としてスポーツの場を整備している。ドイツでは，第二次大戦後「ゴールデンプラン」と言われる政策を基に，各自治体に「スポーツの場」＝「スポーツシューレ（スポーツ学校の意）」を整備し，スポーツシューレを中心に国民の健康，地域コミュニティの醸成を促進し，持続可能なスポーツの場を整備している。Jリーグは，このドイツのスポーツシューレから強く影響を受け，地域を中心にスポーツを発展させる百年構想を掲げ，Jクラブを中心にスポーツを発展させようという考え方を持っていると思われる。一方で米国では，学校施設を中心にスポーツの場が形成されているケースが数多くみられる。

4　自治体か？　学校か？

果たして日本では，自治体と学校のどちらに「スポーツの場」を整備するのか？　日本もドイツのように地方自治体を中心に予算を組み，スポーツを発展させることができれば，望ましい。しかし，そのためには，地方自治体に新たな財源や資産が必要となる。実は，日本のスポーツ施設の 2/3 は学校にある。この現状を無視して「スポーツの場」を整備していくことは，得策とは言えない。学校にあるスポーツ施設を利用して「スポーツの場」を整備することは，もっとも効果的にスポーツの発展につながるのではないかと考える。

といっても，「自治体にスポーツの場を整備するな」と言っているのではない。選択肢をどちらかに限定してしまうのではなく，学校と自治体両方を選択肢にして，ケースに応じて最善な環境を整備することが日本のスポーツにとって最善のはずだ。たとえば，（一社）アリーナスポーツ協議会にて，2016年に開幕したBリーグで，ホームアリーナが決まらず困っていた日立サンロッカーズを青山学院大学体育館に紹介させていただいた。この二者に加え，渋谷区を紹介させていただき，産学官民連携のプロジェクトを作り，チームは渋谷サンロッカーズと名前を変えて，無事にB1参入を果たした。

プロ・アマの垣根や，地域スポーツ，企業スポーツ，学校スポーツの溝を越

えねばならない難しいプロジェクトであったが，スポーツを愛する関係者の方々の努力で乗り越えることができた。大学の持つスポーツ資産を地域や企業が利用し，スポーツを発展させる好事例として大きな価値を持っている。今後も日立の社員だけでなく，渋谷区の住民や青山学院大学の学生，OB・OGなどのコミュニティに愛されるチームに育っていって欲しい。

青山学院大学とサンロッカーズ，渋谷区の事例が示すように，「スポーツの場」の整備先を自治体に限定していたのであれば，渋谷区ではプロバスケットボールを含めた「スポーツの場」を整備することができなかった。整備先の選択肢を大学に広げることで，プロチームだけでなく，大学にとっても，自治体にとっても「スポーツの場」として整備することが可能になったのである。

5 どうやって整備するか？

「スポーツの場」を整備していく選択肢を自治体だけでなく，学校にも広げるとすると，どのように整備していくのか？「スポーツをする場」を維持発展させていくためには，「スポーツをする人」の力で整備をするしかない。「スポーツの場」を「する」「みる」「ささえる」の循環の場とすれば，「スポーツをする人」だけでなく，「スポーツをみる人」の力も含めて整備をすることになる。

学校施設においては，観客席が無かったり，外部からのアクセスができなかったりするが，「スポーツの場」として整備していくことを考えると，それらは今後必須な要件となる。

また，「場」の整備。と言うと上記のような「施設」＝「ハード」面での整備を想起される方が多いかもしれないが，「する」「みる」「ささえる」の循環を促す「組織」＝「ソフト」面での整備も併せて必要となる。

特に「ささえる」人材において，スポーツを「する」ことを直接支える指導者やマネージャーなどの人材だけでなく，スポーツを「みる」ことを支え，ビジネス面でのサポートを行う人材を置くことが「する」「みる」「ささえる」の循環には必要である。

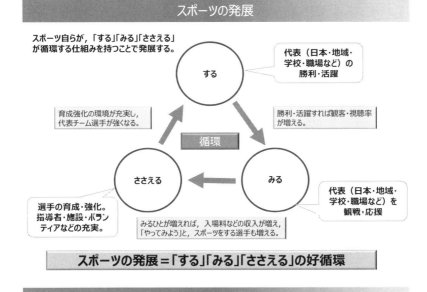

図2-1　するみるささえる図

　こういう人材を「スポーツ・アドミニストレーター」と呼んで，各大学に配置することで，大学を「スポーツの場」として「ハード」「ソフト」両面から整備していくことが期待される。

　以上が，「日本版NCAAの出発点」である。米国のNCAAや英国のBUCSなど，先行する各国の大学スポーツシステムを研究し，日本に最適な大学スポーツシステムを模索していくことが，スポーツ基本法の理念を実現させる最短最善の道と信じている。

（花内　誠）

02 NCAA とはなにか

1 NCAA の設立

　今日，わが国では米国の全米大学体育協会（National Collegiate Athletic Association：NCAA）を範とした日本版 NCAA の設立が議論されているので，本家の NCAA を歴史的経緯も含めて考察したい。

　米国では19世紀末に大学間対抗戦としてのアメリカンフットボール（以下，アメフト）が人気を博していた。しかし，その暴力性も問題になっていた。1905年だけでも3人死亡，88人が重傷，15人の元選手が以前のケガが原因で死亡していた。同年10月にはルーズベルト（Theodore Roosevelt）大統領が当時の3強であったハーバード，エール，プリンストン大学のアメフト関係者をホワイトハウスに招いて安全性のためのルール改定を求めていた。しかし，有力校は互いに自分に有利なルール改定を求めたため動きが鈍かった。同じ頃に相手チームの選手の死亡事故を目撃したニューヨーク大学のマクラッケン（Henry McCracken）学長が改革のための協議会を立ち上げた。同年末に Intercollegiate Athletic Association of the United States（IAAUS）が提案され，翌1906年10月に設立総会を開き，39大学が参加を表明（実際には28大学が総会に出席）した。そして，この IAAUS が1910年に NCAA と改称したのである。当初，有力校は加盟していなかったが，ハーバード大学は1909年，プリンストン大学は1913年，エール大学は1915年に加盟した。

　このような設立の経緯から，NCAA はなるべく多くの大学に加盟してもらうため個々の大学に対しての強制力が弱かった。"Home Rule"と呼ばれる方針の下，NCAA が決めた規則の執行は大学任せであった。さらに，勢力を拡大するためアメフト以外の種目にも関与するようになり，1921年に陸上で，1924年には水泳で全米大学選手権を主催するようになった。また，NCAA は他のアマチュアスポーツ団体やバスケットボールトーナメント（National Invitational

Tournament：NIT），1970年代に女子スポーツがさかんになってからは女子スポーツ専門の団体などと競争し，それらを駆逐して自らの地位を確立してきた。とくにアマチュア体育協会とはオリンピック選手選考をめぐって対立したが，1978年にアメリカ・オリンピック委員会が設立されて一応の決着を見た。他団体との競争のためにNCAAは多くの種目をカバーするようになり，多くの大学に加盟してもらうためにメンバーの大学への管理が緩くなった。

　ただ，やはり大学規模や競技レベルには差があるので，1957年以降，細分化を始め，現在では規模の大きい順にDivision I, II, IIIと分かれ，さらにDivision Iの中でアメフト強豪校のFootball Bowl Subdivision（FBS），それに準じるFootball Championship Subdivision（FCS），さらにアメフトはしないでバスケットボールに専念するI-AAAに分かれている。日本版NCAAは政府の支援も受けて競合団体もなく設立されるであろうから，米国とは事情が異なるが，多くの異質の大学と種目を包含することには難しさがあることは留意する必要があろう。

2　NCAAの収益構造

　第二次大戦後，テレビ中継がアメフトのスタジアム観客数を減らすことが懸念されたので，NCAAは個々の大学やコンファレンス（リーグ）が勝手に放送局と契約することを禁じ，バスケットボールのNCAAトーナメントについては独占的な交渉窓口になった。一方，1957年にはスポーツ選手への大学の奨学金を認めたが，授業料・寮費などに限定し，プレーへの報酬は禁じた。さらに，紆余曲折はあったが，高校を卒業した選手はアメフトでは3年，バスケットボールでは1年待たないとプロ入りできないことをプロ側と同意した。これによって優秀な選手が高卒後すぐにプロ入りせず，奨学金という低い報酬のもと，大学でプレーせざるを得なくした。一方，プロ側から見ればアメフトとバスケットボールは二軍（マイナーリーグ）を持たず，大学に選手育成を任せることができるわけで，プロと大学との間に共存共栄関係が築かれた。有望な高

校生選手をプロに取られていては，大学スポーツの水準は高くならず，観客をひきつけることはできないので，日本版NCAAにおいてもプロとの何らかの交渉の必要があるかもしれない。また，選手に報酬を与えないことはアマチュア主義の徹底のためであるが，同時に，大学にとっては選手を安くプレーさせることで収益性を高めることにもなっている。しかし，近年，選手側から裁判を起こされるようなケースも発生している。

テレビ中継に関しては，1954年以降，観客動員は上昇に転じ，むしろ放送回数制限に対する不満が強豪校に芽生えてきた。1984年の最高裁判決でNCAAの放送回数制限が独占禁止法違反と判断され，それ以後，有力コンファレンスや大学が独自に有利な契約を結べるようになった。地理的に広範にメンバー大学を含んでいる方がテレビマーケット（視聴者数）が大きくなりテレビ局との交渉でも有利になるので，有力コンファレンスは加盟数を増やしている。バスケットボールに関してはNCAA主催のトーナメント（3月に行われるので，通称"March Madness"「3月の狂乱」と呼ばれる）の放映契約はNCAAが窓口となって行い，現在，契約金は年に7億7000万ドルで，NCAA本体の収入の80%近くを占めている。なお，バスケットボールのレギュラーシーズン試合，アメフトのレギュラーシーズン，ポストシーズンの放映料はNCAAには入らず，コンファレンス経由で各大学に分配される。

NCAA本部から加盟大学への補助はそれを稼いだ強豪大学に手厚く分配されるのだが，中小・弱小大学にも分配されるし，収益性の期待できないスポーツの大学選手権の開催費用にも当てられる。この点ではNCAAは大学スポーツ全体の振興という役割を果たしている。

3 有力コンファレンスの力

NCAAは大学による自治組織である。各大学の学長は学内のスポーツ部運営もNCAAへの出席もスポーツ部部長に任せている。テレビ放送契約の自由化で力をつけた5大コンファレンスの力が次第に強まり，1997年からNCAA

は総会での1大学が1票という原則を改め，理事会での有力コンファレンスの支配力を強めた「連邦制」の性格を持つようになり，それは2014年の改編でさらに強化された。有力コンファレンスには裁量権を持たせ，彼らが多少なりとも選手のプレーに対する恩恵をもたらせる方向での規制緩和が進んでいる。一見，選手のために好ましいようにみえるが，実際には有力選手がますます有力校に集中する懸念もある。

　有力校はこれらの改定に際して要求が通らなければ脱退も辞さないと脅している。弱小大学は有力校が脱退したら，"March Madness"の試合の魅力がうすれ放送料が激減しNCAA本体からの補助金も減ってしまうので，有力校の言いなりになっている。ただ，有力校としてもNCAAが大学スポーツ全体の代表であることを維持したい面もある。とくに，金儲け主義との批判が起こり，選手から裁判もおこされているので，「健全な」スポーツ弱小大学と同じ団体でいることは意味があるのである。その点では共存共栄体制も残っている。

　実際，アメフトと男子バスケットボールが黒字で，さらにその黒字で他のスポーツの赤字を賄ってスポーツ部全体として採算が取れるのは一握りの強豪校なので，5大コンファレンスを独立させて「スーパーリーグ」としてセミプロ化し，選手にも報酬を出し，残った大学は金儲け主義を厳しく規制してアマチュア主義に徹するべきとの改革も提案されている。選手に報酬を与えれば訴訟のリスクは減る。監督の高給や不必要な選手数も抑制され，選手を施設でなく契約金で勧誘するので，贅沢な施設の建設も抑制される。残った大学は収益性をまったく考えず規模を拡大せずに本来の学生スポーツとして行い，大きなコンファレンスを作って遠征費用がかかることもないので，有力校のあげた収益を分配してもらうことも期待しないですむ，という考え方である。

　しかし，大学のアメフトとバスケットボールの人気は，幻想と知りながらも学生がプレーしていることから成り立っているので，完全にセミプロ，マイナーリーグとなってしまったときに人気が保てるかは疑問である。野球のマイナーリーグは地域では人気だが，全米レベルでの熱狂ではない。オリンピックはプ

ロ化しても人気が落ちなかったが，オリンピックは依然として世界一を決める場所である。オリンピックのサッカーは23歳未満の選手しか出場することができないのでワールドカップに比べて盛り上がりに欠ける。

4 NCAA の抱える問題

　NCAA とは大学スポーツのことはメンバーである大学で解決するための自治組織である。安易に政府に頼ったりしないのは米国らしいところである。しかし，自治組織であるから違反した個人・大学の処罰を自分たちで行うので，ライバルを不利にしようと不当に厳しくしたり，または自分がその立場になったときに甘くしてもらおうと不必要に緩くなる可能性があり，利益相反問題が存在している。また，NCAA は世間からの評価も気にするので，規則違反を犯した選手に対して，一般の学生や市民よりも当該者に不利な条件（告発者への反対尋問や被告による反論の機会が充分に与えられないまま）で処罰を下しているとの批判もある。

　わが国では問題になりそうもないが，NCAA を悩ませているのが，性別・人種の差別の禁止という問題である。大学スポーツにおける男女差別を禁止するため，奨学金件数を学部学生数での男女比に比例させることが求められるが，男子はアメフトに多くの奨学金がまわされ，女子にはアメフトがないので，女子の奨学金を増やす代わりにアメフト以外の男子種目（体操，重量挙げ，レスリングなど「オリンピック種目」と呼ばれるが4年に1度しか注目されないのも事実である）の奨学金件数が減らされ，さらに廃部されてしまうこともおきている。実際，アメフトを重視しない，そもそもスポーツ奨学金を出さない弱小大学ではむしろ女子スポーツも男子スポーツもチーム数・選手数は増えている。また，入学時の選手の出場資格のための学業水準を厳しくすることは，黒人に不利で，大学進学を妨げる，人種差別だ，という批判も根強い。ただ，スポーツ推薦で低い学力の学生が入学しても充分な学びがなされないので，黒人の地位向上のために大学進学を推進するのならば，スポーツを通してではなく

1)

純粋に経済的困窮者支援の一般学生向け奨学金を充実させた方がよいという反論はまっとうなものである。学力と人種の関係はわが国では問題にならないので，しっかりとした全大学共通または必要ならば全種目共通の学力基準を設けることが日本版 NCAA の役割として期待できる。

　本家の NCAA はさまざまな問題を抱えているが，NCAA が他団体との競争に勝ち抜き，内外の批判に耐え抜いてきた柔軟で逞しい組織であることは事実である。単なるマイナーリーグでなく「学生スポーツ」というブランドを確立させることで人気を博してきた。大学スポーツに関して自分たちの問題は自分たちで解決しようという自治組織でもある。ただ，それゆえに弊害・限界も露呈している。日本版 NCAA は設立の事情も異なるので，米国版に囚われず，まったく新しいものを作るという意気込みで関係者の英知を結集することが望まれる。

注
1） かつてはアフリカ系アメリカ人だけを指していたが，現在では直接アフリカを始祖に持たず，肌が褐色や黒色の有色人種を表す呼称。しかしこの「黒人」という表現の定義や差別的意味に関わる議論は現在も尽きない。

（宮田　由紀夫）

03 ｜ BUCS とはなにか

1 BUCS の概要

　英国では，2008年に大学スポーツの全国的な統括団体として「BUCS」（British Universities & Colleges Sport Limited：バックス）が設立されている。高等教育機関におけるスポーツを通じた学生生活の質の向上を目的として，スポーツ参加機会の提供およびスポーツを通じた人材育成を行なっている非営利の団体である。

　英国の大学は，わが国と同様，学生数や立地条件，持ち合わせるリソースは

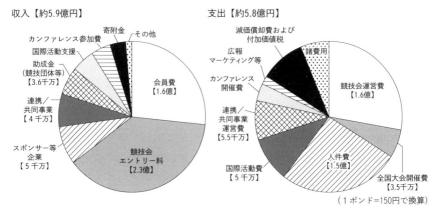

図2-2　BUCS 2015/16年度 収支内訳概要

出典：BUCS（2016）「2015/16 Annual Review」をもとに筆者作成。

様々であり，スポーツの扱いも大学によって違いがある。BUCSは，こうした多様な環境でスポーツを行う全英の大学生を対象に，競技レベル如何に関わらずスポーツそのものを楽しみ，継続するため，実力の拮抗した試合ができる環境を整えることに主眼を置いて，年間を通じた対外試合の機会を提供している。

　また，その活動を通じた人材育成にも力を入れており，大学スポーツをセクターとして統括し，競技団体との連携プロジェクトやスポーツを活用した，学生の資質向上の機会を創出している。

　ロンドンに本部を置くBUCSには，約30名の常勤職員がおり，① スポーツ参加機会の提供　② スポーツに携わるスタッフの育成および教育　③ 大学スポーツのプロモーションを柱に活動している。会員制団体であり2016年には約170校が正会員として登録している（BUCS 2016）。BUCSの収入は，主にこれら加盟大学からの会費および開催大会におけるチームや個人のエントリー費によって賄われている。米国のNCAAと決定的に違うのは，放映権や観戦チケットの販売による収入がほぼ皆無という点である。BUCSのCEOはこれについて，「競技のパフォーマンスは観戦料を徴収するレベルではないので，チケッ

トの販売によるセールスを見込むことは現実的ではない」と述べている（2017年3月，BUCS本部に筆者聞き取り）。

2 BUCSの競技会運営管理事業 (Sports Programme) について

　BUCSが主催する試合は，主に毎週水曜日の午後に各大学のスポーツ施設や地域の公共スポーツ施設で年間を通じて開催される。英国では伝統的に水曜日の午後を休講とし，学生の課外活動を促す大学が多いため，BUCSの試合に出場もしくはボランティアとして関わる上でも学業に大きな支障はない。

　英国で政府に認可されている大学および専門学校は，会費を支払うことでBUCSに加盟し，試合に学生を参加させることができる。BUCSは50以上の競技を幅広く扱っており，年度最後には全競技の成績に基づき年間総合優勝大学を表彰する。2015/16年度には計5,700チーム，個人競技には3万人以上が登録，約10万人の大学生が試合に参加した（BUCS 2016）。

　大学がその存在を公認しているという意味で，これらのチームや個人は，わが国の体育会のクラブ活動およびその部員に相当する。しかしながら，競技レベルは大学や競技・種目によって多様であるし，学生たちの意気込みも，チームによってはどちらかというと日本でのサークルに近い部分もある。

　例えば，経験者の多いラグビーやサッカーは，競技性も高く，入部やレベル分けを目的としたトライアルを実施する大学も多いが，野球や柔道など英国で触れる機会の少ない競技については，大学に入って新しいことをやってみたい，という気持ちで入部する学生も多く，部員の大半が初心者である場合もある（2017年3月，Durham Universityに筆者聞き取り）。

　このような状況の中，大学や学生が自力で実力の伯仲する対戦相手を探し，継続的に試合を組むことは非常に難しい。しかしながら，BUCSが各チームの戦績を統括的に記録し，実力把握を行った上で，レベルの拮抗したチームをリーグ化し，総当たり戦を組むことにより，どのような競技レベルのチームでも，シーズンを通じて互角の相手と競争性のある試合ができるようになる。

BUCSの会費は，登録チームや選手数等に基づいて決まるため，大学側は予算規模や学生からの興味の変化に応じ，年度ごとに登録種目やチーム数を決定できる。英国の大学は9月が新学期にあたるので，その前の夏季休業中に各大学の担当職員もしくは学生が登録内容を取りまとめ，BUCSに申請する。BUCSは前年度の戦績を参考にしながら大学の各チームの競技レベルに基づいてその年のリーグを組み，スケジュールを決定する。新学期が始まると，BUCSの定めたスケジュールに基づき，各大学のチームが直接連絡を取り，試合日時や会場等の詳細を詰める。施設の空き状況で別会場を手配したり試験などで日程をずらしたりする必要がある場合は，相互了解のもと融通を効かせることができる。審判等は，原則としてホームチームが手配することになっているが，BUCSを通じて該当競技団体から支援を受けることもできる。試合後にはその結果をBUCSに報告，何らかの事情でその結果に不服があれば，BUCSに申し立てをすることも可能である。BUCSは年間を通じて全ての競技にかかるリザルトを収集管理し，成績に応じて各大学にポイントを付与する。

　その後，4月から開催されるプレイオフにより競技別の優勝校を決定し，さらに年度末の6月には合計されたポイントに基づき，競技を縦断した最終的な優勝校を決定し1つのシーズンを終える(2017年3月，BUCS本部に筆者聞き取り)。

3　BUCSの人材育成について

　2013年，BUCSがシェフィールドハラム大学との共同調査において，大学生活で競技や運営ボランティア等の課外活動に取り組んだ学生は雇用可能性が高いということが明らかになった (Sheffield Hallam University 2013)。

　学生が大学生活を過ごす中で，学位以外にどのようなスキルや経験を身につけたのかは雇用者側にとって重要なポイントとなる。スポーツはその機会を創出することができるとともに，プログラム化することにより，より一層その経験の質を高めることもできる。

　BUCSが実施する試合運営のためには，各大学内で定常的に業務が発生す

る。これらを職務として整理し，リーダーやそれを支えるアシスタントのポジションを設けている大学は多く，学生を配置し実務経験を積ませるための人材育成の場として活用している。この業務は無給であるケースも多いが，学生側からも「役職と責任をもって実務の経験を得る」ことに対する需要があるため，このポジションが埋まらず苦労しているという話はあまり聞かれない。バース大学やラフバラ大学では，これらのポジションを「ボランティア」と呼ぶのではなく，明確な役職名（Sports Coordinator や Student Experience Team など）を与えることにより，仕事としての位置づけを明確にすることが重要であると考えている（2017年，Loughborough University および University of Bath に筆者聞き取り）。

さらに，BUCS では，各大学でこれらの役職に就いているスタッフや学生を対象として，研修やキャリアセミナーなどの就職を見据えたイベントを定期的に開催している。

例えば，スポーツやイベント運営など関連分野の有識者の講演会や，インクルーシブなアクティビティ運営手法やコーチングスキル向上などをテーマにしたセミナー等である。スポーツ界への就職を希望している学生の職業観形成を目的としているものが多い。2015/16年度中に人材育成を主旨に実施されたイベントには，BUCS 加盟大学から計約600名の学生が参加したほか，競技団体を含む50の関連組織が出席した（2017年，BUCS 本部に筆者聞き取り）。

4　英国のスポーツにおける BUCS

エリートスポーツという観点から見たとき，BUCS という仕組みは，大きなインパクトを持つものではない。ワールドクラスの国代表に選ばれるいわゆるエリートアスリートが在籍している大学もあるが，その育成・強化活動は，原則として UK Sport や競技団体の管轄のもと行われるものであり，大学が独自に関わっているものではない。一方，BUCS が主催する試合には，ヨーロッパ競技大会やコモンウェルスゲームズなどの国際競技大会の出場経験もあ

る学生から，レクリエーションとして体を動かしている学生まで，数多く，幅広く参加できる利点がある(2017年2月，University of East Anglia に筆者聞き取り)。このように，エリートアスリートに限らず，英国内の学生全体に呼びかけるプラットフォームとしての機能は，競技力向上を必ずしも唯一の目的としない BUCS にこそ可能であるとも言える。

　BUCS は，2010年から，大学生のスポーツ実施率の向上およびその効果を検証することを目的とした国費事業を受託するとともに，若年層の自殺が社会問題になっている英国において，スポーツの実施による大学生のメンタルヘルス向上を目的としたキャンペーンを主導するなど，スポーツに関わる学生はもとより，より幅広いコミュニティに影響力を持つようになっている。また，BUCS の働きかけにより，各種国内競技団体と大学との連携が強化されつつあり，学生が主体となった競技体験会の開催を通じて競技人口や地域スポーツクラブでのボランティア，コーチの増加にも影響を与えるなど，大学の枠を超えて変化を生み出している（2016年，BUCS 本部および Loughborough University に筆者聞き取り）。

　BUCS は，「スポーツをする」，「スポーツを支える」活動を大学生にとって身近なものにする役割を果たすことはもとより，大学生というコミュニティに働きかけることにより，社会全体の行動変容に大きく貢献している。

参考文献
BUCS（2016）「2015/16 Annual Review」．
Sheffield Hallam University（2013）「The Impact of Engagement in Sport on Graduate Employability」．

（執筆：川部 亮子・監修：森岡 裕策）

04 日本版 NCAA の意義と視点

　Chapter 2-02において米国における大学スポーツ組織・システム「NCAA」

とChapter 2-03において英国における大学スポーツ組織・システム「BUCS」について知ることができた。「日本版NCAA」は，どちらの組織やシステムをとり入れるべきであろうか。

私は提案時においては，米国とは違う日本独自のシステムを指す「日本版」というワードをつけて「日本版NCAA」という表現を使ったのだが，「NCAA」に強烈な印象を持つ方々が多数いらっしゃり，米国版NCAAをそのまま日本に移植することを想像されている場合もみられる。あくまでも，「日本版NCAA」においては，米国や英国の大学スポーツ組織・システムを参考にしながら，日本の社会，経済などの独自の風土を考慮した上で，日本に最適な大学スポーツ振興の組織・システムを構築するべきである。

ここでは，「日本版NCAA」の意義と視点をはっきりさせることで，「日本版NCAA」組織・システム構築への一考となることを望みたい。

1 する，みる，ささえるの循環とスポーツの産業化

はじめに誤解を解いておきたいことは，する，みる，ささえるの循環を促すスポーツ・アドミニストレーションの設置とその担い手となるスポーツ・アドミニストレーターを，「スポーツの商業化を促進する」存在だ。という考えである。

スポーツの発展には，する，みる，ささえるの循環が必要であり，それを促すスポーツ・アドミニストレーションと担い手としてのスポーツ・アドミニストレーターが必要である。重要なのは，スポーツ・アドミニストレーションは「循環を促す」のであり，「商業化だけを促進する」のではないという点である。

現在の日本のスポーツ界では，「ささえる→する」の分野と「する→みる」あるいは「みる→ささえる」の分野を比較すると，多くのスポーツ団体，スポーツ組織では，明らかに「する→みる」「みる→ささえる」の分野が弱く，担う人材も不足しており，結局，その分野が「ボトルネック」となってしまって，循環を止めてしまったり，小さくしてしまったりしている。特に日本の大

表2-1 米国・日本・英国における大学スポーツの現状比較

	米国	日本
統括組織収入	**NCAA（全米体育協会）** 　全米大学約2300校中約1200校が加盟。ルーズベルト大統領からの大学スポーツの改革の要請を元に発足（IAAUS）。競技規則の管理だけでなく、大学スポーツクラブ間の連絡調整、管理など、さまざまな運営支援などを行う。 **NCAAとしての収入は約1000億円/年（2014）** 　規程に則り、各カンファレンス経由で各大学に配分される。カンファレンスでのビジネスもあり、産業として成立している。 **大学スポーツ全体の収入は約8000億円/年（2010）**程度と推測。	NCAAに相当する組織はない 　大学教育における体育に関する研究調査を行い、会員相互の体育活動の評価と表彰を行い、もって大学教育の発展に寄与することを目的とした（公社）全国大学体育連合（国内の大学800校中約300校弱が加盟）はある。 　種目ごとの「学連」組織となっている。
学内組織収入	**Athletic Department（体育局）** 　各大学のスポーツは各大学の体育局が取りまとめている。基本的に大学とは別会計の独立採算組織であり、大学のスポーツ施設の建設や維持管理も含め、自ら稼ぎ、自らが使う。 　米国のスポーツ組織は、「Sports Operation」と「Business Administration」に組織が分かれており、スポーツビジネスの専門家が、種目のプロ・アマの枠を超えて関わっている。 　100億円/年以上の予算を持つ大学も何校かあり、下位カンファレンス（NCAAII）の中央値でも**約5億円/年（2012）**ある。	体育会 　各大学によって構造や呼び名は異なるが、共通しているのは「課外活動」として考えられており、大学側の関与度は低い。 　学生中心の運営になっている結果、「Sports Operation」の機能にとどまり、スポーツビジネスの専門家はほとんど携わっていない。
施設	**アリーナまたは体育館兼用アリーナ** 　上位の大学はプロスポーツをしのぐアリーナやスタジアムを所有している。もちろん、トレーニング施設も、一流の設備を備えている。一方で、下位カンファレンスでも、トレーニング施設とアリーナを兼用できる「体育館兼用アリーナ」を備えている。	観客席のない体育館 　観客席もなく、「仲間を応援する」という機会もなく、カレッジコミュニティが育ちづらい。顧客が不安定。
ブランド	**大学ブランド（カレッジアイデンティティ）** 　種目は違っても、共通のロゴ、チームカラー、ニックネームを使用することで、カレッジコミュニティ全体をターゲットにしている。	部ごとに違うブランド 　大学コミュニティという考え方がないので、「部」としてのコミュニティになっている。
試合制度	**ホーム＆アウェイ開催** 　陸上競技などを除き、対戦競技はホーム＆アウェイを基本として行うことで、顧客の安定化と収入の増加を図っている。	セントラル開催 　「見る」「見せる」という考えがないので、最も運営が楽な方式を選択しやすい。顧客が不安定。

出典：電通作成図をもとに、英国部分を（独）日本スポーツ振興センターにて加筆。

英国

BUCS（英国大学等スポーツ有限責任保証会社）

　全英で学位授与を認可されている大学約162校のうち140校が加盟。その他の学術機関を合わせると加盟団体は約170校。2008年，大学間の競技大会運営組織（BUSA）と，各大学でスポーツ運営を担当するスタッフの統括団体（UCS）が統合されたもの。スポーツを通じた高等教育機関の質の向上を目的として，大学間対抗競技大会を運営し，50以上の競技で約5,700チーム・10万人の学生が参加している。

　「有限責任保証会社」という法人格の非営利の団体。政府機関により公益性を認められた登録チャリティ団体でもあり，税制優遇を受けている。

　2015／16年度の収入は約5.9億円。会員費や大会エントリー料，助成金で得た収入を，ほぼそのまま人件費や大会運営，海外遠征の帯同などに充てている（約5.8億円）。
（£＝150円換算）

University Sport

　各大学によって規模や呼び名は異なるが，**大学組織の一部としてスポーツ運営を担当する部署が設置されている**。キャンパス内のスポーツ施設を活用し，部活レベルはもとより，草の根レベルスポーツや健康のためのエクササイズの機会を創出，学校によっては学生以外（職員や地元コミュニティ等）の参加者も受け入れている。スポーツ運営のための**専任スタッフが従事しており，教員とは区別されている**。

　プロチームのユースとの交流試合や国際競技大会前の関連イベント誘致など，**スポーツに関する企画運営を当該部署が行っている**。

観客席のある体育館

　国際基準のフィールドやスタジアムを備えている大学もあり，国際レベルの競技会など有料で観戦するイベントを開催するケースもあるが非常に稀。一般的な大学の体育館や競技場では，**簡易な観客席や立ち見用のスペースが確保されている**に留まる。

　ただし，トレーニングジムなどをはじめスポーツ施設が原則「視察」「観客」が想定された構造になっており，フェンスが低い・壁がガラス張り・俯瞰で見渡せるスポットなどが見られる。

ビジュアルアイデンティティ

　米国と同様に**大学共通のロゴやユニフォームを活用することで一体感を生み出している**。BUCSではKukriと契約しているが，大学によっては独自ブランドと提携していることもある。ただし，多種の競技に参加している学校は，ウェアの扱いが幅広いという理由からKukriを使っているケースが多い。誰でも購入が可能也。

　ネットボールやバドミントンなど，プロリーグを新たに立ち上げたスポーツは，大学の施設を練習拠点としている場合が多い。これらのプロチームのロゴは，必ずしも大学と同一ではないが，**色味や見た目に統一感があり，コミュニティとしての一体感がある**。

ホーム＆アウェイ開催

　米国に似ているが，**年間ポイントを競う上でフェアになるよう配慮されたもの**。シーズン終盤開催される決勝戦の開催地は，立候補大学から選出される。シーズン中は毎週水曜日に試合が開催されるため，原則としてBUCS加盟大学で**水曜午後に授業は実施されない**。

学スポーツにおいては，この分野が弱く循環を阻害している。

一方で，米国の NCAA で「商業化」が問題視されているのは，この循環において，「する → みる」「みる → ささえる」が巨大化したことに対して，「ささえる → する」分野が対応しきれずに歪みが生じているためである。話題の「大学選手にも報酬を」という問題も，観衆の多さとそれを活かしたマーケティングによって得られる莫大な収入が，「ささえる → する」に適切に還流されずに，循環の外に流出したり，一部の指導者だけに偏ってしまうことに対しての問題提起と受け止めるべきである。

同様な問題は戦前の日本における野球界にも存在した。当時あまりにも急激に沸騰した野球人気に野球界自身も対応しきれず，国が「野球統制令」を発令し，ボトルネックとなっていた「ささえる → する」分野を広げて対応するのではなく，「する → みる」「みる → ささえる」分野を「統制（制限）」することで，循環をコントロールしようとした歴史である。スポーツの発展が，する，みる，ささえるの循環であるならば，循環を制限することは発展を阻害することであり，結果は現在の米国と日本の大学スポーツをみるまでもなく明らかであろう。

日本版 NCAA では，分野を制限する方向で循環をコントロールすることをするべきではない。ボトルネックを広げて対処することでスポーツの発展を図るべきである。

2 ユニフォーム VS 背広

スポーツの発展には，する，みる，ささえるの循環が必要であり，循環を促すスポーツ・アドミニストレーターは，ボトルネック分野を解消することに力を注ぐ。そのためには，短期的には「ささえる → する」分野の強化もさりながら，「する → みる」「みる → ささえる」分野の強化を優先的に行わないと，どんなに「する」分野で好成績をおさめても，循環が生れないので，「する」を継続的に「ささえる」ことが困難になる。

しかしながら，それは，「ささえる→する」分野を担う人たちからみれば，「する→みる」「みる→ささえる」分野への予算をともなう強化に対して「その予算があれば，自分が指導するチームの成績が今より向上できるのに」という気持ちを持たせてしまいがちである。「ささえる→する」分野を担うスポーツ指導者の多くが，「競技成績」によって地位が確保されるケースが多く，しかもその契約期間が1シーズンごとであれば，来年度以降に効果が発揮されることよりも目前の1勝のために全てを注ぎこんで欲しいと願うのは当然である。また，現在「大学スポーツ」に関わる教職員の多くは，この「ささえる→する」分野に集中しているので，現時点で「大学スポーツ関係者」の意見は，この「ささえる→する」分野の意見が多数派となるであろう。

　下手をするとそれは「ささえる→みる」分野を担うスポーツオペレーション（ユニフォーム組）と，「する→みる」「みる→ささえる」分野を担うビジネスアドミニストレーション（背広組）の対立を招きかねない。スポーツの発展のためには，この循環が必要であることをスポーツオペレーション分野を担う人たちに丁寧に説明する一方，彼らの不安定な地位についても理解を示す必要がある。

3　目的と手段の確認

　「日本版NCAA」の出発点は「日本におけるスポーツの場をどうするか？」であった。しかし，時を同じくして2016年1月から，スポーツ庁が経済産業省とともにスタートした「スポーツ未来開拓会議」が「スポーツGDPを3倍に」と言う目標をあげており，「金儲けのために大学スポーツを利用する」と批判を浴びた。

　誤解の種は，目的と手段の確認不足にある。

　日本版NCAAの目的は，「大学にスポーツの場を整備する」ことであり，その手段として「する，みる，ささえるの循環を促進するスポーツ・アドミニストレーションの設置」である。それが，「大学スポーツの産業化」を目的に，

その手段として「日本版 NCAA」があるという誤解が生れている。いま一度、日本版 NCAA の目的と手段を確認し、産業化や GDP の上昇はその結果としてついてくるものであると整理しておきたい。

なぜならば、目的と手段をはき違えていると、今後整備される予定の「大学横断的かつ競技横断的統括組織としての日本版 NCAA 組織」の役割や施策がぶれる可能性がある。「産業化」や「GDP の上昇」を目的にしてしまうと、ビジネス面だけの充実が前面に出かねない。「日本版 NCAA 組織で稼いで各大学へ分配する」などが目的になって組織化されると、その目的のために大学スポーツが犠牲になりかねない。あくまでも目的は「大学にスポーツの場を整備する」であり、そのための手段としての「大学横断的かつ競技横断的統括組織としての日本版 NCAA 組織」があるべきである。

4　「セントラル開催」は一時避難的手段

「大学にスポーツの場を整備する」ということが目的であるとすると「セントラル開催」、特に「セントラル開催会場の整備や優先利用」は大学スポーツの発展について、どのような影響を与えるのかについて、冷静に評価する必要性がある。

「大学内に観客席を持つ施設が無いので、自治体が持つ観客席を備えたスタジアムやアリーナを、リーグ戦の会場として優先利用・整備させてほしい」と言う意見が必ず出る。

大学スポーツ振興のためには当然の意見ではあるが、それで大学に「スポーツの場」が整備されるのか？ を慎重に検討する必要がある。セントラル開催会場は「観る場」で大学のグラウンドや体育館が「する場」として分かれてしまっては、果たして大学を「スポーツの場」として整備することが可能なのか。

サッカーが、日本リーグ時代のように各チームが巡回興行の実業団システムから、Jリーグによって「ホームタウン」が規定されることで、「試合」（する）「興業」（みる）「育成」（ささえる）の場を整備することで発展したように、大

学の中でする，みる，ささえるを循環する場を整備することが目的であり，「セントラル開催」は一時避難的手段であると認識しておかないと，一時的な「セントラル開催」による入場者増を「成功」として捉えて目的を見失う可能性すらある。

5　部内の循環，大学内の循環，大学間の循環。

　京都大学アメリカンフットボール部が「一般社団法人」化したことがニュースとなっていた。これは，スポーツを「する」部活に「みる」「ささえる」を足すことで部内の循環を促進させるための手段として評価したい。

　大学スポーツ・アドミニストレーターは，各大学の体育会各部に「する」「ささえる」を足すことで，大学全体でする，みる，ささえるを循環させる手段である。

　同様に，「大学横断的かつ競技横断的統括組織としての日本版NCAA組織」は，各種目学連がスポーツを「する」組織として存在するのに，「みる」「ささえる」を足して循環を促すための組織として位置づけることが理解しやすい。

　大学スポーツ・アドミニストレーターの設置を巡って，大学内で「ユニフォーム組 VS 背広組」の抗争を起こさないように丁寧に説明し，理解を得る必要があることと同様に，「大学横断的かつ競技横断的統括組織としての日本版NCAA組織」の設置でも，各学連や競技関係者に丁寧な説明をして，理解を得る必要がある。

（花内　誠）

05 ｜ 日本版NCAAの課題と展望
──各大学によるスポーツ活動の位置づけも含めて

　Chapter 2においては，これまで日本における大学スポーツ組織・システム「日本版NCAA」の提案の経緯から，米国と英国における大学スポーツ組織・システムとの比較，日本における意義や視点について論じてきた。

Chapter 2の最後に，今後日本版 NCAA がどのように発展していくのか，課題を整理しつつ展望してみたい。

1　徳育としての大学スポーツ

　Chapter 2-04で論じたように，日本版 NCAA の目的は「スポーツの場の整備」にあり，「スポーツの産業化」は目的ではなく，手段あるいは結果である。

　それでも大学にスポーツの場を整備すること自体に反対する大学関係者もいるかもしれない。大学は「学問の場」であり，「スポーツの場」ではないという考えである。

　大学という高等教育機関は「学問の場」であることは，異論を挟む余地はない。しかしながら，教育が「学問」だけで良いのであろうか？「教育」には「知育」「体育」「徳育」からなるという考え方もあり，「学問」だけを教育とすることは，「知育」だけに偏った教育と言わざるを得ない。

　日本の高等教育機関である大学における「体育」「徳育」はどうあるべきなのだろうか。「体育」も多くの大学で必修科目から外されて，「知育」一辺倒となりがちな日本の大学教育であるが，「徳育」に関しても「知育」ほど意識されているだろうか。「スポーツ」というと「体育」を連想する方が多いのかもしれないが，それはスポーツを「する」という一部分であって，全てではない。「大学スポーツ」というと，スポーツをする運動部学生の「体育」であって，一般学生には関係ないという見方が大学は「スポーツの場」ではないという考えにつながっている可能性もある。

　ここで注目したいのは，スポーツを「みる」「ささえる」という部分が，「帰属意識」や「利他精神」を育む「徳育」としての効用を持つということである。

　この「みる」「ささえる」は，運動部学生だけでなく，一般学生に対しての「徳育」として効用を持つことができる。

2　課外活動から正課外教育へ

「大学スポーツ」の位置づけは，大学によって異なるが，多くは「課外活動」として扱われている。

この「大学スポーツ」の位置づけを「徳育」を目的とした「正課外教育」と位置づけることで，「大学スポーツ」は運動部学生の趣味ではなく，一般学生も含めた大学全体の「教育」の位置づけを獲得することになり，大学にスポーツの場を整備する理由となる。

大学スポーツが「徳育」という教育の一環の位置づけを獲得することで，一般学生，教職員，OB・OG，地域住民を，する，みる，ささえるの循環に巻き込むことが可能になり，循環を促進させて大学スポーツの発展へとつながる。

3　観客数／在籍学生数＝スポーツ徳育指数

「徳育」として「正課外教育」の位置づけを得た「大学スポーツ」は，する，みる，ささえるの循環を促すことで発展していく。その発展を表すのが，「観客数／在籍学生数」の割合である。この数値を仮に「スポーツ徳育指数」と呼ぶことにしよう。

「スポーツ徳育指数」は，それぞれの大学にとって「徳育」の到達度を示す数値となる。一般的に「知育」は，入学時の偏差値や論文数，論文引用数など様々な数値で大学を評価することが可能である。また「体育」も競技成績やスポーツ実施率等の様々な数値化が可能である。

しかしながら「徳育」を数値化することは難しく，大学における「徳育」の到達度を客観的に評価することができない。この「スポーツ徳育指数」は，どれだけの人がその大学に対して，帰属意識を持ち，仲間を応援しているのかという数値である。

大学を評価する際に，「偏差値」がどれだけ高くても，この「スポーツ徳育指数」が低い大学は，「頭が良くても冷たい」人の集まりとみられるかもしれない。逆に偏差値が低くても「スポーツ徳育指数」の高い大学は，仲間意識の

強い助け合う集団とみられるかもしれない。

　大学進学率が50％を超える時代において，各大学が様々な特徴を，大学の存在価値として打ち出す。全ての大学が偏差値だけで評価するのではなく，様々な価値観によって評価し，それぞれの価値観にあった大学に進学することは，ダイバーシティの面からも必要である。

4　カレッジスポーツデイ

　スポーツ徳育指数を上げていくために，各大学で「カレッジスポーツデイ」を行うことを推奨したい。大学内で「大学内で学生スポーツをみる（応援する）日」を作り，それを「カレッジスポーツデイ」としよう。種目は何の種目でも構わない。サッカーでも野球でも，バスケットボールでも柔道でも構わない。学外のスタジアムやアリーナを一時的に使っても構わないが，できるだけ学内で行ってほしい。

　その場にOB・OGや地域住民が集まるようになれば，スポーツ徳育指数が向上するだろう。もっとも，最初からOB・OGや地域住民を有料観客として集めることを考えるより，まずは「徳育」を考えて学生が学生を応援することをしっかり進めるべきである。

　「カレッジスポーツデイ」は，最初は年に1回かもしれない。それが春と秋の2回になり，いずれ月に1回になり，やがては週に1回になり，さらには週に何回も行われるようになれば，米国のNCAA同様の発展を示すだろう。英国でも，BUCSは毎週水曜日を「BUCS　BIG　WEDSNDAY」と称して，各大学が午後の授業を減らし，大学構内で様々な種目を行っている。BUCSでは，まだOB・OGや地域住民を巻き込んだ有料入場者を増やそうという動きには至っていないが，日本は英国に追いつき追い越すためにも，英国と米国の大学スポーツの良い所を取り入れて，BUCSのように大学スポーツを整備しつつ，NCAAのようにする，みる，ささえるを循環させることを目指すべきであろう。

5 数百人から

「米国NCAAを目指す」と表現すると，すぐに何万人もの観客が大学のスタジアムを満杯にすることをイメージして，「日本では無理」「文化が違う」という反対意見を言う方もいる。

確かにNCAAにおいては，一部の大学では大観衆に囲まれて，スポーツの産業化が進んでいるようにみえるかもしれない。

しかしながら，米国NCAAにおいてもディビジョンは1，2，3に分かれ，それは競技成績で分けられているのではなく，大学の規模や大学スポーツに対する大学の姿勢に応じてディビジョンが分けられている。

華やかなディビジョン1に目を奪われがちであるが，そのディビジョン1であっても，華やかなのは一部のカンファレンスに所属する一部の大学であり，ディビジョン1のその他の大学やディビジョン2，ディビジョン3のカンファレンス，大学においては平均数百人の観客数であり日本の大学スポーツと大差はない。

「数百人の観客で何が変わるのか？」と仰る方もいるかもしれないが，まずはそのレベルでも，する，みる，ささえるを循環させることをスタートさせることで，いずれは大きな発展につながる。在籍学生数1万人を超える大学での数百人は数パーセント以下であるが，在籍学生数1000人以下の大学にとっては，数百人の試合を数回行えば，スポーツ徳育指数は1を超える。大学スポーツの振興は，都心部の大規模大学だけのことではなく，地方の小規模にとっても，このスポーツ徳育指数で評価されるべきことなのである。

6 NCAAのスポーツ徳育指数

米国において，大学生数は約750万人，大学スポーツの観客数は年間8000万人から9000万人と推測される。この数値から想定するに米国NCAAのスポーツ徳育指数は平均10〜12程度と推測される。

日本においても，まずは在籍学生が年に1回は「カレッジスポーツデイ」に

参加する1を目指し，それを2, 3, 4と増やし，10を超えるようにしていくことで大学スポーツの発展を目指したい。

日本の大学生数は約250万人であり，スポーツ徳育指数が1を超えれば，大学スポーツの観客数は年間250万人を超える。その数は，2016 - 17シーズンのBリーグ観客数とほぼ同数であるし，スポーツ徳育指数が4を超えれば，同じくJリーグの観客数，10を超えれば，プロ野球の観客数とほぼ同数になる。観客数は，マーケティング価値にも影響を及ぼすので，全国の大学の平均スポーツ徳育指数が増えていけば，プロスポーツと同様の価値を持ち，結果的に産業化していくことにもなるだろう。しかしながら，Chapter 2で何度も論じているように，産業化はあくまでも手段と結果であり，目的ではない。それを間違えてしまうと，産業化自体上手くいかなくなる可能性すらある。

日本の大学スポーツは，目的を違えることなく発展の道を歩んでほしい。

7 日本版 NCAA の未来

日本版 NCAA の目的が大学におけるスポーツの場の整備であるなら，整備された大学スポーツの場は，大学生のみならず，教職員，OB・OG，周辺の住民にとっても「スポーツの場」となる。

大学スポーツがプロやアマの壁を越えて，大学を本拠地として，学生，OB・OG，地域住民が一緒に参加したチーム，選手が大学リーグだけでなく，プロリーグや地域リーグに参加することが大学を「スポーツの場」として整備するひとつの完成形かもしれない。

2017年度に実施されたスポーツ庁の大学スポーツ・アドミニストレーター設置推進事業において8大学が選定された。各大学が知恵を絞った事業計画を出しており，どれも注目する内容ではあるが，特に鹿屋体育大学の地元自治体の鹿屋市とチームニックネームを共有し，大学チームを地域代表として活動させるというプランは，日本版 NCAA のひとつの未来像として注目している。

こういった「鹿屋モデル」が全国の大学や自治体に広がっていくことが，日

本における「スポーツの場」のあり方が，米国や欧州の良い所を吸収した日本独自の「日本版」としてのひとつのゴールイメージとも言える。

　いずれにしても，大学スポーツがここまで注目を集めることは，ここしばらく無かった。また，今後も機会は少ないかもしれない。大学スポーツ関係者は，この機会に大いに議論を交わし，大学スポーツが日本のスポーツ界に何ができるか。大学が日本における「スポーツの場」として整備されるように，力を合わせることに日本版 NCAA の未来，そして日本のスポーツの未来がかかっている。

（花内　誠）

Chapter 3 大学スポーツのガバナンス

01 トップ層の理解に向けて

1 高等教育とスポーツ

　わが国の高等教育におけるスポーツは，旧制高校における軍事教練・体操で導入され，新制大学における体育へと継承された。そのため，全ての日本国民は，体育とスポーツの分別がされないまま，教育という範疇にてスポーツを理解してきたと言っても過言ではない。体育のプログラムの一部として「スポーツ種目」を導入したことにより，体育とスポーツが同一化する「スポーツの体育化」という現象が生じてきたことが指摘される。また，高等教育におけるこれらの歴史を俯瞰すると，スポーツの導入時に，ヨーロッパ社会における「クラブ」と同等の社会システムがわが国にも存在したものの，スポーツにおいては，その文化の伝播の源が教育であり，その構成員が学生主体であったため，部活動（高等教育のスポーツ活動クラブ）という独自の文化となったことを理解せねばなるまい。

　1964年の東京オリンピックの開催に向けて，1961年にスポーツ振興法が整備され，「国民の健康増進（アクティビティ）」，「国民の余暇活動（レクリエーション）」，もしくは「国を背負った競技者（アスリート）」のどれもがスポーツであると言説化した。特に，1950年代半ばから始まり，1970年代中盤の間の高度経済成長期の社会情勢もあり，高等教育（大学）でのスポーツ空間は確保され

やすく，大学から実業団（企業）へと特化された強化策が施され，大学のスポーツクラブ（以下，部活動）からオリンピックへという流れに乗り，それ以降も多数のアスリートを輩出してきたことも事実である。そのため，大学の課外活動として位置づけられた部活動は，アスリート，もしくはアスリート志向の学生が中心として活動することとなり，アクティビティやレクリエーションを中心とした学生は同好会（サークル）へと空間を求めた。特に高度経済長期半ばから始まる受験戦争と言われた時期のスポーツは，東京六大学や関関同立などの私大を中心としたスポーツ推薦学生の獲得を巡って，大学スポーツのアスリート化は強まった。更に1980年代半ばから1990年初頭のバブル景気では，豊かな経済を基盤に一般学生の志向はアスリートではなく，友人らとの交流を主たる目的としたサークルへと移り，部活動との乖離は明白であった。

　Jリーグが1993年（設立1991年）に始まると，スポーツの存在が多様化した。今までのスポーツ推薦の主たる入学者は高校の部活動生徒であったが，Jリーグに所属するプロクラブのユースチーム（高校生年台）等からの入学者も求め始めた。Jリーグが百年構想を掲げ，スポーツ文化を唱ったこともあり，スポーツ参加者の多様な存在やアスリートに対する認識が一般へも拡がった。

　また，2000年代に入ると少子化社会の到来が叫ばれ始め，各大学がプロモーションのために，部活動を大学の抱える資産として着目した強化策を施し始めた。そのため，スポーツ推薦入試と連動し，優秀なアスリートを授業料等免除によるスポーツ特待生として入学させたり，その優秀なアスリートを確保するための専任スポーツ指導者の雇用を行ったのである。この財源は大学独自の場合もあれば，OB・OG会等による資金援助を得て，全国のあらゆる層の大学へと拡大していったのもこの時期である。

　その後，18歳人口は1992年の約205万人をピークに減少し，大学志願者と大学定員数の割合が100％（文部科学省平成10年大学審議会答申）に近づき，大学冬の時代が訪れたのである。それは，国立大学の法人化も加えて，各大学の生き残りを懸けた時代へと突入したことを表していた。現在では，各大学が自らの存

続を懸けて入学者定員確保のためのプロモーション手段を用いて，留まることを知らない厳しい現実を抱えている。すなわち，スポーツ推薦による大量入学者確保や専任スポーツ指導者の確保（複数の雇用含む），スポーツ特待生に対するプロ並みの待遇，これらの活動を全て担保する施設の充実など，あらゆる手段を駆使して，大学の生存を懸けた競争が激化している。大学全入の時代が到来し，私学のブランド大学をも少子化の波は襲い，その波に飲み込まれないように策を練り始めたのである。各大学は，自らの存続を巡って背に腹は代えられない状況となっている。また，古き良き学生自治によるスポーツ活動から乖離した現状を生み出している。

2 高等教育におけるスポーツ活動の意義

わが国においては，2010年に文部科学大臣よりスポーツ立国戦略が策定され，2011年にスポーツ基本法が制定，2015年に文部科学省の外局としてスポーツ庁が設置された。また，内閣府は2016年に日本再興戦略の1つとしてスポーツの成長産業化を明示した。これらの一連の施策において，スポーツの空間が体育（教育）＝スポーツ，もしくは競技（アスリート）＝スポーツから，アクティビティやレクリエーション，健康を主としたウエルネスの空間へと拡大し，日本再興戦略の「2－5スポーツ・文化の成長産業化」に見られるように，スポーツの空間は産業へも拡大している。

高等教育（大学）におけるスポーツの空間も，わが国の施策が造り出す空間に呼応するように変容した。本書の柱である大学スポーツ振興（日本版NCAAの創設）の議論が始まったのも，2012年に制定された第1期スポーツ基本計画によるものであり，2017年に制定された第2期スポーツ基本計画には，大学スポーツの振興が明記されている。

現在まで，スポーツに関する大学正課のプログラムとして，全ての大学に共通するのは，正課体育（各大学によって呼称はスポーツ等を含むが学校教育法に従い体育と理解する）しか見られない。大学設立の趣旨を体育や教員養成系

におく大学も，近年では大学名称の変更には多くの障壁が存在するため，英語表記で"Sport"を付記したり，学部や学科名称を体育学部からスポーツを明記した学部名へと変更していることがあげられる。

　しかしながら，大学における部活動は，未だ課外活動に位置づけられている。大学に所属する学生が所属する部活動であり，大学所有の施設を使用し，公式大会参加の際も大学名を自由に使用しているにも関わらず，社会通念上も法的な観点においても大学の公式な活動なのか，非公式なのかという曖昧性を持つものである。これは，わが国の高等教育と学生の自主活動を基盤とした部活動の歴史に起因するものである。教育基本法による教育の目的が「伝統の継承」と「新しい文化の創造」であるならば，「新しい文化の創造」へ目を向ける時期が到来しているのではないだろうか。

　特に，大学の部活動に所属する学生は，授業時間以外の時間を真摯にスポーツに注いでいる。その例として，124単位を期分けすると8期となり，8コマ/週（16単位，12時間）の授業時間となる。1，2年次には多く授業を履修するが，3年次では減少し，4年次ではゼミのみという学生が大半である。部活動に関わる時間を3時間/日とすると，平日15時間，休日約6時間，21時間/週となる。当然，競技によっては更なる時間を要する。更に，自己の研鑽のための自主トレーニングや身体のケアの時間，戦術を思考，理解する時間，そのための仲間とのコミュニケーション時間を含めると，スポーツによって一日が回っているのが現実である。

　ここで，確認しておきたいのは，部活動を行う学生アスリートには学修が必要ないということではない。論点は，かつてのスポーツ空間では有り得たかもしれないが，現代においてはスポーツ空間が拡がった，つまり，このスポーツ空間で費やす時間を教育に移行することが可能であるという発想の転換が必要とされているということである。すなわち，再び教育基本法の前文に戻るならば，「個人の尊厳を重んじ，真理と正義の希求し，公共の精神を尊び，豊かな人間性と創造性を備えた人間の育成を期する」という教育の目的そのものがス

ポーツ空間に当てはまるということである。また，第7条1項を援用するならば，「大学はスポーツ科学の中心として高い教養と専門的能力を培うとともに，深く真理を探求して新たな知見を創造し，スポーツ，スポーツ科学における成果を広く社会に提供することにより，社会の発展に寄与するものとする」と高等教育におけるスポーツ活動の意義が読み取れるのではないだろうか。

3 スポーツの本質的な理解に向けて

現在，部活動においても「する，みる，ささえる」のそれぞれの立場によって参画が行われている。ある国立大学では，部活動内に戦術分析班やトレーニング班，マネジメント班，広報班，地域貢献班などのグループを設け，学生の領域を超えた広義のマネジメントグループを形成して，競技成績の向上を目指しながら，教育効果を上げている。従来は，レギュラーメンバーとその他のメンバー間では大きな精神的障壁があり，レギュラーメンバーは，「みる，ささえる」仲間を軽視しがちであった。しかし，スポーツ空間の多様化を理解し，スポーツとは何かを問い始めたのである。まさに部活動は「個人の尊厳，真理と正義，公共の精神，豊かな人間性と創造性」を備えた人間の育成の空間であり，アクティブラーニングを超越した学びの空間ではないだろうか。2020年の大学入学共通テストを踏まえても，入学後の大学スポーツによる教育効果は，現在わが国が目指す「教育の質保証」とも同期している。これらに含意されるものがスポーツの本質的な理解であり，それが学生スポーツ（部活動）である。部活動を戦略的に高等教育に包摂することを切望するとともに，これらの教育とその実践は大学スポーツ振興を支える我々の重大な責務でもある。

（上田 滋夢）

02 スポーツ部局設置の意味

1 現状の課題

　わが国の大学スポーツが変革しようとしている。スポーツ庁は，米国 NCAA（全米大学体育協会）に倣い，各大学運動部の統括組織を作るという。花内(2016)によれば，米国の NCAA は全米の大学約2300校中約1200の大学が加盟する米国の大学スポーツを統括する組織であり，大学のスポーツクラブ間の連絡調整，管理など様々な運営支援を行なっている（花内，2016）。NCAA の放映権料等を中心とした収入は年間約1000億円であり各カンファレンス経由で各大学に配分され，産業として成立している（花内，2016）。米国の大学スポーツが人気であるのはこの NCAA があることが理由であると考えられている。

　わが国では，大学スポーツは，駅伝，野球，ラグビーなどメディア価値の高い競技以外は，注目度が低く観戦者もほとんどいない(もっとも，駅伝，野球，ラグビーにしても，注目されるのはごく一部の大会であり，大部分の大会には十分な観戦者はいない)。また，その一部注目されている競技でさえ，その活動の成果が競技に参加する大学や部活に還元されることは皆無に等しい。日本版 NCAA 構想の根底にある考え方は，日本の大学スポーツの価値の再発見であり，そのアウトプットの一つは観戦者数の増加である。花内（2016）は，する・みる・ささえるというスポーツの関わり方の中で，大学スポーツには「みる」という側面がこれまでほとんど考えられてこなかったことを指摘している（花内，2016）。

　それでは，なぜわが国では，「大学スポーツ」が「みる」あるいは「みられる」スポーツとして成立してこなかったのか。それは大学スポーツを担ってきた組織の構造にある，というのが教科書的な解であろう。「組織は戦略に従う」（チャンドラー）とは古くからの経営学の言葉である。組織構造とは，戦略を達成するための手段であり，戦略は，ミッションとビジョンに基づいて策定され

表3-1 大学スポーツに関連する大学組織

必要な機能	関係する組織名称の例
各部の支援	学生部，学生支援機構，課外活動支援センター，スポーツ支援課，etc.
スポーツ施設の管理運営	管理部，施設課，財務部，etc.
就職・キャリア	就職部，キャリアセンター，etc.
広報	広報部 etc.
入試（アスリート）	各学部，入試部，etc.
研究	スポーツ系の専門学部や大学院，スポーツ研究センター，その他学部の専門教員，etc.
学生団体	体育会，運動会，OB・OG会，etc.

るものである。一般的に，これまでの法人としての大学の立場は，大学スポーツに対するミッションとして，「する」を円滑・安全に供給することであり，ビジョンとして大学生アスリートの人間的な教育を行うことであった。そして「大学スポーツ」は，正課の体育とは別に，課外活動と位置づけられてきた。この課外活動であるがために，大学組織を見ると「大学スポーツ」がどの部局で担われているのか一見しただけではわかりにくい。「スポーツ局」のような部活動を統括する部局が独立して存在するのではなく，多くの場合，大学組織としては「学生部」や「学生支援センター」等の名称で，学生の課外活動の支援として取り組まれている場合がほとんどであるためである。

また，直接的な支援のみならず現在の大学スポーツに必要な機能を提供していると考えられる組織を表3-1に示した。各部課の名称や役割に関しては，各大学によって異なると思われるが，代表的には表3-1の通りであろう。すでに述べたように，各部の活動を支援する組織として，学生部や学生支援機構が存在する。それ以外にも，大学スポーツに必要な機能として，スポーツ施設の管理運営，就職支援，広報，入試，研究など多岐にわたると考えられる。その機能ごとにそれぞれ担当組織が異なることが一般的である。それに加えて，学生団体として体育会や運動会，OB・OG会が存在している。なお，さらに付け加えれば，正課としての体育は「教務」が担当している。つまり，大学ス

ポーツを成立させる複雑さゆえ，組織構造としては，大学組織の中に分散されてしまっていると言って良い。

2 スポーツ局とは

　花内（2016）によると，米国においては，NCAAの加盟大学には，各大学にスポーツ局（Athletic Department）が設置され各大学のスポーツを統括する組織として機能している。大学とは別会計の独立採算であり，大学のスポーツ施設の建設や維持管理も含め，収益を自らの大学スポーツに還元している（花内，2016）。スポーツ局（Athletic Department）は，「Sports Operation」と「Business Administration」の組織構造になっており，スポーツビジネスの専門家が入っている（花内，2016）。これまで日本の大学スポーツにおいて，「学生部」や「学生支援機構」のもとに置かれている機能は，いわばSports Operationの役割であって，Business Operationの役割を担う機能がほとんどなかったのが現状である。

　近年，わが国においても，スポーツ局（Athletic Department）を設置する動きが見られる。日本体育大学は，2017年4月よりアスレティックデパートメントを立ち上げ，その目的を「（1）全学で統一した競技力強化支援体制を構築し，学生競技者の資質向上と競技成績に結びつける。（2）日本版NCAAの創設に向けた体制を構築し，適切な組織運営管理及び大学スポーツビジネスの確立を目指す」としている（日本体育大学ホームページ）。また，その組織図はスポーツ庁によると以下の通りである（スポーツ庁，2016）。

　日体大アスレティックデパートメントは，競技力強化を狙う3つのセンターと，マネジメントを担うスポーツ・アドミニストレーターなど，いわばBusiness Operation機能がある。さらに事務機能として，施設，庶務，会計，広報，社会貢献，学生生活支援，キャリア支援，などの各実務担当者が事務室を構成している。スポーツ分野の業務を統括して，一元的に大学スポーツに取り組んでいくことが読み取れる。

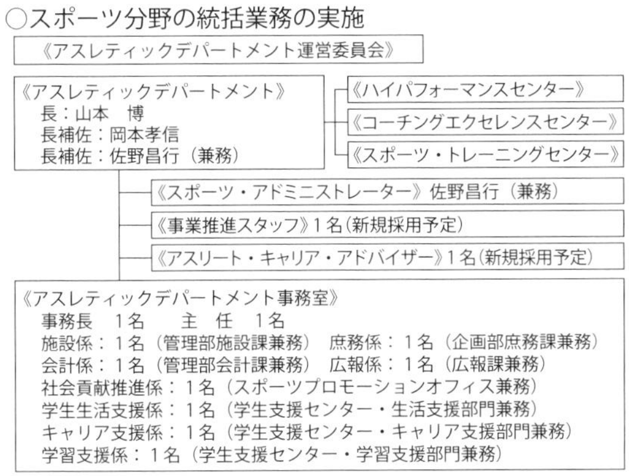

○スポーツ分野の統括業務の実施

《アスレティックデパートメント運営委員会》

《アスレティックデパートメント》
長：山本　博
長補佐：岡本孝信
長補佐：佐野昌行（兼務）

《ハイパフォーマンスセンター》
《コーチングエクセレンスセンター》
《スポーツ・トレーニングセンター》

《スポーツ・アドミニストレーター》佐野昌行（兼務）
《事業推進スタッフ》1名（新規採用予定）
《アスリート・キャリア・アドバイザー》1名（新規採用予定）

《アスレティックデパートメント事務室》
事務長　1名　　主　任　1名
施設係：1名（管理部施設課兼務）　庶務係：1名（企画部庶務課兼務）
会計係：1名（管理部会計課兼務）　広報係：1名（広報課兼務）
社会貢献推進係：1名（スポーツプロモーションオフィス兼務）
学生生活支援係：1名（学生支援センター・生活支援部門兼務）
キャリア支援係：1名（学生支援センター・キャリア支援部門兼務）
学習支援係：1名（学生支援センター・学習支援部門兼務）

図 3-1　日体大アスレティックデパートメントの組織構造

出典：スポーツ庁（2016）。

　また，このような動きは日本体育大学だけでなく，民間企業のドーム社と連携しながらアスレティックデパートメントを計画している筑波大学でも見られる（筑波大学ホームページ）。

3　スポーツ局設置の意味と課題

　非営利的な営みである大学スポーツをマネジメントすることは，極めて難易度が高い。様々なステークホルダーとの調整や連絡，意識の統一ができる体制を作る必要がある。各大学にスポーツ局（アスレティックデパートメント）を作る意味は，各大学が大学スポーツを「事業」として捉えることである。「事業」とは，ミッション・ビジョンに基づき，限りある資源を最大限に生かして計画を持って永続的に遂行する組織的な営みのことである。これまでの大学は，体育会各部に対して「する」機能を大学の資源を生かして最大化することがミッションであり，「するスポーツ」を通して優れた学生を育成することがビジョンであった。しかし，大学スポーツや学生アスリートは，競技者自身が「する」だけでなく，「みる」ことにも潜在的な価値があると考えられる。さらに教育

的効果や社会的なつながりなども大学スポーツの価値として大きいであろう。それを発掘し顕在化していくのが大学の役割であり，時代の要請であると考えられる。

また，各大学がスポーツ局を設置することの課題は，集約すると以下の3つであると考えられる。

① 大学スポーツの大学内でのビジョンの作成と共有化
　（大学全体の体制づくり）
② マーケティングの導入による市場化（観戦者の増加）
③ 大学スポーツの成果の還元（収益，人的つながり，社会化）

まず何よりも重要なのが①ビジョンの作成である。現在，日本版NCAAの議論にも大学スポーツの産業化が取り上げられているが，産業化は事業を継続する手段であってビジョンではない。ビジョンの作成とそれを大学内の学生，教員，事務，OB・OG会，関連組織などで共有化し，大学全体で取り組んでいく体制づくりが喫緊の課題であろう。また②のマーケティングの導入による観戦者の増加には，メディアを活用した大掛かりな仕掛けだけが有効な施策ではない。筆者が2016年に視察したSan Jose State Universityには，専門の柔道場があった。日本との違いとして，ベンチが設置されていることである。大学の施設にも関わらず「みる」機能をきちんと考えられ，少しの工夫で「みる」環境を整備することができるようになると考えられる。このような環境を整える知恵を出し実行することがアスレティックデパートメントに期待される役割であろう。

最後に，③の大学スポーツの成果の還元である。現状の日本版NCAAでは，スポーツビジネス化に伴い収益の還元が言われているが，収益だけに限らず幅広く考えるべきである。学生の教育的効果やOB・OG会を含めた社会的なつながりなど，大学が大学スポーツの成果をこれまで十分に認識できていないと

考えられる。もちろんこれまでも存在したが，大学が生み出す成果としては定義されていなかったのではないだろうか。大学スポーツという非営利の営みを考えるとき，大学がスポーツを事業として提供することの意味を踏まえて成果を定義する必要があるだろう。

参考文献

スポーツ庁（2016）「平成29年度大学スポーツ振興の推進事業選定大学について，日本体育大学の取り組み」．

筑波大学，アスレチックデパートメント設置準備室ホームページ，http://www.tsukuba-athletics.com/

日本体育大学，「日本体育大学アスレティックデパートメント」の開設について，日本体育大学ホームページ，https://www.nittai.ac.jp/topics/pr/post_388.html

花内誠，株式会社電通スポーツ局（2016）「スポーツ産学連携＝日本版NCAA～スポーツマーケティングの立場から見た大学スポーツの重要性，スポーツ庁大学スポーツの振興に関する検討会議（第1回）配付資料」．

（庄子 博人）

03 OB組織との相互関係の構築

本節では，大学スポーツにおけるOB・OG組織との関係について検討する。筆者は，1990年頃から大学スポーツの中でも新興勢力とも言える，日本のラクロスの黎明期における普及に尽力し，そのマネジメントに携わってきた。その点，OB・OG組織体制としてはきわめて脆弱であるが，筆者は既存の大学体育会のOB・OG組織の弊害を，ある程度認識した上で大学ラクロス部の組織運営の支援をしてきた。したがって，筆者自らの対応プロセスを元に，その問題点を簡便に提示することとする（本節の記載は，「ラクロス」，もしくは，「神戸大学」という限定的かつ局所的な状況下における対応であり，一般的な状況に本知見を拡張する場合，その前提条件を精査する必要がある点に留意されたい）。

1 大学スポーツは誰のモノ？——チームの主体性

スポーツ庁による「大学スポーツ振興についての提言」(2017) によれば，「みる・する・ささえる」スポーツの循環を構築することが述べられている。ラクロスに関して，黎明期の普及における事業コンセプトは，「する」スポーツの主体である大学生の選手が，他大学の試合の運営スタッフを兼務することでスポーツを「ささえる」，そして，次の試合相手である他大学の試合をスカウティングすることでスポーツを「みる」ことであったと考えている。

1990年当時，日本におけるラクロスの事業規模（会員数）は，1000人未満であったが，選手全員が各大学の創部メンバーであり，仮に，30年前の当時の筆者（神戸大学ラクロス部所属）に「（大学スポーツ）チームは誰のモノ？」という質問をしたとすれば，それは「選手，学生のモノ」という返事をしたと思われる。何故なら，先輩も，ましては，OBもおらず，大学の課外活動団体として認めてもらうために，何とか「顧問の先生」を見つけてくる状態であったが故，経営資源のヒト（指導者）・モノ（グランド）・カネ（スポンサー）は，全て自前で用意しなければならなかった。一方，30年経過した現状では，ラクロス部は，ほとんどの大学において課外活動公認団体として認められ，多くの大学では，学内のグランドを利用して試合や練習ができるようになっている。そのような状況下において，現在のラクロス部の部員に「チームは誰のモノ？」という質問をしたとすれば，例えば，「神戸大学ラクロス部は，神戸大学のモノ」「自分たちが4回生の間は，『自分たちのモノ』かも知れないが，来年以降は，後輩のモノになる」という答えになると予想される。つまり，創部から30年経ち，黎明期から成熟期を迎えると，チームの主体の認識という点では，選手や学生主体の体制から，1年期限のプロジェクトベースの体制に，徐々に，メンバーの認識が変化していると考えられる。

2 先輩が後輩に伝えるモノは？——文化の伝承

自分自身が「創部メンバー」であれば，実は，その規範や組織文化を自ら創

りだしていることに自覚する必要がある。それは，ベンチャー企業の創業者にも言えることであるが，組織を通じて成し遂げたい理想や，望ましい人物像を，文章や口頭で暗黙裡に組織のメンバーに対して提示しているのである。これらは，経営学の先行研究では，経営理念や組織アイデンティティとして説明されるが (Schein 1985)，名勝負などのチームにおける成功経験は，先輩から後輩に繰り返し「武勇伝」として語られることで組織的に学習され，いつの間にか「伝説の OB・OG」として「神聖化」されることになる。成功経験は時間を超えて語り継がれ，失敗経験はいつの間にか忘れ去られる運命にある。つまり，語り継がれる名勝負の「武勇伝」は，組織文化の伝承としてのストーリーとして位置づけられ，映像を通じたメンバー結束の道具として用いられることで，さらに強化されていく。

　大学スポーツは，毎年，学生が入れ替わる一方，「ささえる」側のチーム運営スタッフはほとんど変わらない。その理由として，課外活動の範疇にある大学スポーツの支援はあくまでボランティアであり，その担い手は，仕事との折り合いの付く人材という意味で，きわめて限定的である。私立大学の場合，学校職員の立場でコーチとして関与するキャリアがあるが，国立大学の場合，指導者は OB・OG であっても基本は「学外者」の扱いである。以上の諸条件を考慮すると，指導方法，評価基準は，年次によって大きな変化はなく，そのノウハウは成功体験に裏付けられていることもあり，戦術やチームカラー，ユニフォームまで「伝統」として位置づけられ，その変更は当事者にとっても難しくなる。

　例えば，神戸大学の場合，さらに難しい事情として，元々，別々の学校が合併して総合大学化したという歴史的経緯がある。社会科学系，医学部，農学部，工学部，教育学部，旧制高校は，元々，別の学校であり，学校別に同窓会が設立され，同窓会の連合体を形成している。そのため，近年まで，体育会 OB・OG 会を公式支援する組織が，同窓会側にも，大学側にも存在しておらず，ようやく大学基金の設立によって整備された状況にある。大学ロゴも，学歌も，

別々の学校毎に存在していたため，新たに作られた経緯があり，スクールアイデンティティの問題は，吸収合併を繰り返して総合化した神戸大学のような国立大学にとって，文化的に困難な問題である。よって，ユニフォームの統一，スクールマスコット等，私立大学では考えられない文化的な困難（タブー）が含まれる点に配慮が必要である。

3 OB・OG会の役割とは？

　以上の文化的背景，伝統的な理由から，OB・OG会はその正統性を巡り，メンバー間の対立が起きやすく，新しい取り組みが阻害されてしまうことが説明可能である。若き日の自身の投影先が，大学スポーツである場合，それが故，彼らはOB・OG会費を払い，クラブに寄附をするのである。ある種の文化差を伴う好き嫌い，ファンとしての心情がストレートに反映される点，難しい側面もあるが，OB・OGによる大学スポーツへの関与は，大変ありがたいことである。それよりも，そのような志に対して，大学側に受け皿がなかったこと，すなわち「大学スポーツ局の存在」がなかったことがそもそもの問題であった。

　サッカーの場合，指導者の資格制度が整備され，結果として，プロ指導者の専門職としての市場が成立されつつある。それは，競技団体側(National Federation) の問題でもあるが，一方，大学スポーツのOB・OG会の役割は，戦績によって指導者の人選に直接関与するのではなく，「ファンクラブの取りまとめの役割」に変化していくことが，今後，求められると考えている。現段階で，「大学スポーツは誰のモノ？」という問いに暫定的に答えるとすれば，「スポーツ局が学内に設置されるのであれば，大学スポーツは大学の看板を背負って活動をする以上，大学のモノ」というのが筆者の見解である。大学スポーツのOB・OG会は，直接，チームに資金を提供するのではなく，大学基金を通じて寄附をして，キャリア支援やスポンサーシップ，産学連携にいたるまで，専門職人材に活躍の場を与え，大学のリソースを最大限に活用することで，間接的に「大学ファン」の一員として関与した方が効果的である。日本版NCAA

はOB・OG会を含めたスポーツファンを増やしていくようなプラットフォームの構築が求められているのである（プラットフォームの具体的な提案はChapter 6-04を参照のこと）。

参考文献
Schein, E. H.（1985）*Organizational culture and leadership 1st ed.*, San Francisco：Jossey-Bass Publishers, 1985.

（高瀬　進）

04 学生連盟・競技団体との連携

1 わが国におけるスポーツ競技のガバナンス（競技団体，学連）

　わが国においては，米国におけるNational Collegiate Athletic Association（略称NCAA）と同様の大学スポーツに関するガバナンス組織は見られない。1969年設立（前身は全国大学保健体育協議会）の全国大学体育連合は「大学教育における体育（保健教育及びスポーツ含む）」を担当する教員の研鑽やこれらのカリキュラムを学生により良く教示するための研修などを目的としたガバナンス組織であり，NCAAとは趣旨が異なる。

　そのため，大学スポーツに関しては，1911年設立（前身は大日本体育協会）の日本体育協会の傘下にある各スポーツ競技統括組織（各競技団体）に所属することとなる。

　各競技団体の構造は，競技種目によって多少の違いはあるものの，図3-2左図に示されるように，各競技種目の中央競技団体から地域競技団体，都道府県競技団体，市町村競技団体というタテの組織構造（タテ構造）を持つ。

　一方で，図3-2右図の各中央競技団体は，複数の関連領域団体を包括するヨコの組織構造（ヨコ構造）を持つという特徴が見られる。大学スポーツは中央競技団体に所属しながらも，構造上は地域競技団体と並列の関係となる。日

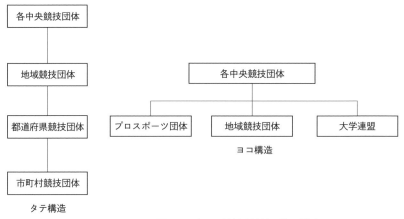

図 3-2　わが国のスポーツ競技統轄組織の構造

本ラグビーフットボール協会のように，地域競技協会（ラグビーでは支部協会）の中に大学部門を持つ競技団体も見られ，現状では，大学スポーツの位置づけは一元化されていない。

2　競技団体と学生連盟

　大学スポーツはタテ構造とヨコ構造の競技団体間の影響を受けて存続している。そのため，組織間のグループダイナミクスよりも，実際の運営に大きな影響を及ぼしている。総体的には学生連盟（学連）の運営と競技団体の運営との輻輳の問題である。これは「する，みる，ささえる」の3つの観点から具体的な問題が浮かび上がる。

　第一に「する」の観点からは，同一シーズン，同一曜日では公式戦会場が重複するということである。公式戦会場は競技の環境を保持するために，一日の試合回数や時間を制限する場合が多い。これは，試合会場を使えない団体が存在するということである。また，男女の両方にわたって試合数が拡大することにより，全団体が大学の休日に公式戦を行うことが担保できないということである。

第二に「みる」の観点では，同じ競技でありながら，競技団体による試合が別会場で行われている場合，観戦者が分散してしまうということである。これはファンの形成からも，同一競技でありながら，プロスポーツのファン，社会人スポーツのファン，大学スポーツのファンという観戦者に階層を作り，各ファン間が乖離する環境を創出してしまうことである。また，学生アスリートが自身のために競技団体主催の試合の観戦をする機会も減少させてしまうことをも意味する。

　第三の「ささえる」の観点では，スポーツ資本の分散化が問題となる。人材と経済資本の分散化はリンクしており，人材は専門職としてプロ化が進む一方で，アマチュアチームが専有化することは資金的に困難となる。その財源を確保するには一定の観客数が必要となる。しかし，「する」「みる」と連動するため，その財源の脆弱性は否めなくなる。そのため，大学スポーツは，理事長や学長などの大学の経営者の意志に委ねられ，大学スポーツの発展や教育の観点から俯瞰した投資ではなくなる。

　これまでは単一の問題点であったが，「する」「みる」「ささえる」の連鎖という観点も必要である。まずは同一競技でありながら複数の学連がある場合である。硬式野球が顕著である。関西においても5つの学連（連盟・リーグ）が存在する。関西学生野球連盟（6チーム），阪神大学野球連盟（17チーム），関西六大学野球（6チーム），近畿学生野球連盟（19チーム），京滋大学野球連盟（13チーム）である。シーズン中，特に一部リーグの公式戦が開催可能な球場は飽和状態となる。休日のみならず，平日開催を考慮しなければ，公式戦が運営できないのが現状である。

　次に，サッカーのように国際連盟（FIFA）の下位構造に各国NF（競技団体）が位置づけられ，更にその下位構造に学連が位置づけされている場合である。大学スポーツのガバナンスとは次元が異なる現状が存在する。そのため，国際連盟の規程が構造上の最上位となり，各国NFの規程はその下位となる。更に大学スポーツの規程は，そのまた下位となる。競技場の仕様や使用規制，

公式戦開催の間隔，世界大会等の日程が国際的な基準で決められており，学連の裁量に関わる範囲は非常に狭い。

　また，プロ，社会人，大学，高校とオープン大会が存在するサッカーやバスケットボールなどの場合である。これらは学連としてのガバナンスの範疇ではなく，競技団体のガバナンスとなり，世界大会と連動する大会も存在することも考慮せねばなるまい。

　更に複雑な問題を抱えているのは，他競技団体への影響である。大学スポーツにおいて，わが国では年度という学校教育上の概念から，4月から翌年1月までのシーズンの採用が多い。そのため，どの競技も競技日程が密集し，競技場は飽和状態となる。しかも，日本の公共施設（競技場）は多種目対応が多く，サッカー，ラグビー，アメリカンフットボール，陸上競技等も同じ開催日に同じ競技場を求め，公式戦の競技場を競合することとなる。他競技のために，公式戦を開催できないという状況が生まれている。大学スポーツ側が競技場を未使用であっても，プロリーグが入っているために他団体が使用できないというように，大学スポーツだけでは決められない状況も抱えている。これらは，学生アスリートへのしわ寄せとなり，公式戦の平日開催や教育制度に無い「公欠」制度を生み出し，学生生活や学修に支障を来す学生を多々輩出してしまっている現状を真摯に捉えねばなるまい。

3　競技団体と学連における大学スポーツのガバナンス

　競技団体と学連における大学スポーツのガバナンスの問題点を集約すると，高等教育制度の中で課外活動として位置づけられたことに起因する。現状は，各競技団体や国際連盟を含んだタテ構造とヨコ構とのジレンマを抱えながら，大学スポーツのガバナンスは存立している。しかしながら，これが高等教育における大学スポーツのグッド・ガバナンスかと問われると，疑問を抱かざるを得ない。ましてや，これらのガバナンスの影響を全て受けながら学生生活とアスリート活動を行っているのが学生アスリートの現状である。

このように大学スポーツを取り巻く環境では，ステークホルダー（利害関係者）が多岐にわたり，その関係性が複雑である。学連・競技団体における大学スポーツのガバナンスを如何に良くするかという問題には，大胆な構造の改革が求められている。大学スポーツの長期的な発展の道を選ぶのか，日本の大学スポーツの独自性を追求する道を選ぶのかは，NCAAの功と罪を冷静に見つめる必要があろう。特にホーム＆アウェイ制は解決策の一部であるが，移行期はシーズン制や他競技との同一会場複合開催，他カテゴリー（年代）との同一会場開催などが日本独自の発想として考慮されるべきかも知れない。そのためにも大学や学連による単体としての改革の提唱ではなく，国家としての大学横断的，競技横断的なガバナンスが求められている。

　しかしながら，本節で指摘した問題点として，競技団体・学連における大学スポーツのガバナンスを考える上で忘れてはならないのは，教育制度上，課外活動となっている「部活動の抜本的な教育的意義や位置づけの再考」と，各競技団体の国際的統轄組織や国際的規程・規約を踏まえた「インテグレーション（統合・融合）」の観点である。わが国の大学スポーツのガバナンスの議論では，NCAAの枠組みが主である。しかし，充分な分析をすると，NCAAほどドメスティックなガバナンスはない。ルール等の規程もNCAA独自のものであり，国際的な連動性が見られない競技も少なくはない。このように「インテグレーション」の観点を踏まえた上で，大学スポーツのガバナンスが形成される必要があろう。

（上田　滋夢）

05　大学スポーツのガバナンスの課題

　大学スポーツのガバナンスの課題は4つの観点を必要としている（図3-3）。第一に大学スポーツとは，どの様な教育的意義があり，どの様な位置づけが相応しいのかというガバナンスの本質的な目的に関わるマクロ課題，第二に米国

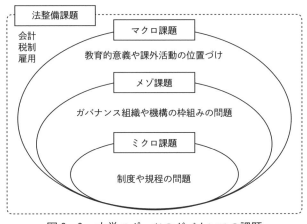

図3-3　大学スポーツのガバナンスの課題

のNCAAや英国のBUCSが先行例としてあげられるように，大学スポーツのガバナンスの枠組みに関するメゾ課題，第三に，制度や規程に関わるミクロ課題，最後に，これらを取り巻く法整備の課題である。

1 マクロ課題——教育的意義，課外活動の位置づけ

　日本版NCAAの創設を巡った議論の中で，スポーツ，とりわけ部活動の教育的意義を本質的な議論としてなされた形跡はない。むしろ，教育的意義には触らない議論となっていることは否めない。戦前は国家を担う身体教育として，軍事色が全面の「体練」であった。民主主義国家へと転換した戦後初期においては，本質的なスポーツの教育的意義を認められていた。特に中等教育までは，1946年の「終戦に伴う新教育指針に関する件について」において部活動は明らかに学校教育の一部であり，1951年の「中学校・高等学校指導要領」では「特別教育活動」として教科同様の教育課程に明記されている。しかしながら，1969年の保健体育審議会や1968～1970年にかけての小・中・高等学校の指導要領の改訂からは，「課外教育」という教育課程外でありながらも学校で行われる曖昧な存在へと変容した。

高等教育では，戦前の旧制高校では課外活動は教育であると明示するものの，以後に明記されたものは見あたらない。大学設置基準第31条5号 (1956) では，「大学は，校舎のほか，原則として体育館を備えるとともに，なるべく体育館以外のスポーツ施設及び講堂並びに寄宿舎，課外活動施設，その他の厚生補導に関する施設を備えるものとする」と規定されている。この文脈から，課外活動施設は厚生補導の領域であることが読み取れる。同基準第42条では，「大学は，学生の厚生補導を行うため，専任の職員を置く適当な組織を設けるものとする」と規定し，課外活動も大学の厚生補導領域であり，学生の自主的活動の位置づけであるとも読み取れる。

　このような状況において，1960年代を中心とした学生運動が起こり，課外活動を大学が教育と位置づけることは，大学の管理下に置き，学生の自治を奪うことと同意と捉えられる可能性を大学は危惧し，結果的には厚生補導の位置づけのままとなった。その後も，課外活動の「位置づけ変更」の議論に関して，各大学は学生運動の再燃を恐れ，厚生補導領域，すなわち「大学の管轄であるが学生の自治のまま」として，現在に至ったのである。

　目的の無いガバナンスはない。目的が明確でない集団は，ガバナンスの対義である「紛争・混乱・混沌」をもたらす。その帰結として指導者や学生同士による体罰・ハラスメントなどの問題をもたらしたとも言える。すなわち，大学スポーツのガバナンスのマクロ課題とは，「課外活動は教育の重要な一部である」という本質論を先送りするならば，数年後，数十年後に大学横断的かつ競技横断的組織が創設されたとしても，混沌とした時代へと回帰してしまうということを明らかにしている。

2　メゾ課題──大学横断的かつ競技横断的な枠組みと NCAA の本来的な目的

　当初，NCAA はアメリカンフットボールで起こる重篤な事故から，学生アスリートの身を守ることを目的として設立された。現在の NCAA の活動を概観すると「学生アスリートの幸福（安心含む）」，「高等教育と公益性」，「公平

性」が柱となっていることが読み取れる。常に起こる議論は，これらを求める「事業活動」と「事業財源」の相克に関わる「公平性」の担保である（NCAA website）。

　米国の文化や教育文化に横たわるプラグマティズムを根底に据えた「高等教育」を主眼とし，米国建国の精神である「公平性」や「公益性」が大前提にある。そのため，事業収益は高等教育（学生アスリート）に還元されることを目的とする。2017年データとして，ディビジョンⅠにおけるアメリカンフットボールに関わる予算は平均6590万ドルである。わが国のJリーグのトップクラブを凌駕する予算である。しかし，これらはNCAAのためでなく，大学のためでもなく，学生アスリートのためである。

　また，NCAAは学生アスリート支援のために設立され，学生アスリートの安全・安心や学修，経済的補償を前提に，高等教育の発展と拡大を目的としていることである。わが国の議論において，学生アスリート支援なのか，一般学生のスポーツ活動支援や自己の健康や余暇を充実させるアクティビティやレクリエーションの支援なのか，対象が曖昧な議論や意見が散見される。この曖昧性やボタンの掛け違いは，後に大きな障壁となるだけでなく，全学生に「混乱と混沌」を招き，ガバナンスの機能不全をもたらすことを充分理解すべきであろう。目的が明確でないガバナンス，その組織は「高等教育」を崩壊させる可能性を持つ。曖昧な状態でのガバナンスの維持は，公平性と公益性を欠いた産物を創り出す。

　最後に，NCAAのHidden Behind（含み資産）に着目しなければならない。NCAAを巣立った学生アスリートが社会の第一線で活躍し，人生の勝者（life-long success）となることによって，所得の安定と増加が「寄附文化」を産み出し，結果的に学生アスリートへと環流され，NCAAのブランド力向上へと繋がり，更に高等教育にて学生アスリートを目指す国民が増え，競争原理が働き，高等教育と学生アスリートの質の向上を永続的に為す社会的装置であることが，NCAAの本来の目的であることを把握した議論をすべきであろう。

3 ミクロ課題——入学者選抜，学修時間，練習時間，単位 GPA，就職支援

本節ではマクロ‐メゾ‐ミクロという枠組みにて課題を分類した。ミクロ課題はマクロとミクロの両課題を踏まえた具体的な課題となる。これらの問題として，入学者選抜（スポーツ推薦入試）の方法や基準，入学後の学修時間の確保，それと相対する練習時間の規程と練習時間帯の設定，年間修得単位数とGPA の問題，就職支援，スポーツ特待生の奨学金やその他費用の問題などが挙げられ，横断的かつ縦断的な関係性を抱いている。入学者選抜の方法や基準は，各大学の入学者定員の充足のための経営戦略，さらに中等教育における学力の質保証の問題等とも密接に関連している。入学後の学修時間の確保と練習時間の規程，設定の問題は，各大学のスポーツ施設環境，各公式戦施設環境（日程，使用可能状況）等からの影響を考慮しなければ，一概に新たな機構（日本版 NCAA）による規程だけでは解決できない課題が山積している。

年間修得単位数と GPA の問題においても，入学時の学力と評価基準，各大学における卒業率の報告とも関連しており，各大学では極力留年者を出さない空気感が醸成されている。また，各大学に問われる就職率も，3 年次の夏以降の授業が機能しない状況を産み出し，内定決定後の空虚感による授業の無為化も考慮されなければならない。

就職支援は上記の就職率と連動していると同時に，わが国特有の「教え子の面倒を見るのは教師（学校）の責」という古からの教育文化の問題でもある。NCAA や BUCS 加盟の大学に同様の機能は求められていない。学生自身の能力向上が図れれば，自然に求められ就職が決定するため，関与する必然性は無いという教育文化である。注力するのは学生への教育であり，就職に特化した方法論ではない。また，産業界も卒業生（学位取得者）を求める文化がある。わが国固有の慣習を如何に解決するかという大きな課題が横たわっている。

最後に，スポーツ特待生の奨学金やその他費用の問題は，入学者選抜等の問題と同様に各大学の経営戦略との関わりが大きい。寄附文化が浸透していないわが国の文化観との問題とも連動し，大学が経営ツールとしてスポーツ特待生

を利用せざるを得ない状況を創出し，大学間競争に拍車をかけている。一方で能力の高い学生アスリートは，大学並びに大学スポーツの発展に必要不可欠である。その能力に応じた経済環境の補償が，学生アスリートの能力を更に向上させ，大学スポーツの質の担保となることも考慮せねばならない。

4 法整備の課題——会計，税，労働契約

　上記の課題に伴い，大学スポーツのガバナンスに関わる財源確保は非常に重要な事項である。文部科学省「大学スポーツ振興に関する検討会議」では「会計等の透明性」という項目にて会計管理の議論は生起している。そこで，その収入源に関わる具体的な議論をワーキンググループには期待したい。「大学スポーツ振興のための資金調達力の向上」では，民間資金等の活用や収益活動の例として大学関連商品の販売やネーミングライツ，施設使用料などが挙げられている。「現行制度においても大学はスポーツを通じて様々な収益活動に取り組むことが可能である」という文言が加えられている。しかしながら，私立学校法第26条に基づく収益事業告示（平成20年文部科学省）の別紙，「文部科学大臣所轄学校法人が行うことのできる付随事業の範囲」の「1．目的：収益を目的とせず，教育研究活動と密接に関連する事業目的を有すること」，「6．収支の均衡：事業による収入は，費用を賄える程度とすること」では，大学スポーツ振興の議論とは別の解釈となるからである。そのため，付随事業や収益事業の扱いを巡っての議論は必要不可欠であろう。

　特に事業の種類については日本産業分類（平成25年総務省告示）における大分類L「学術研究，専門・技術サービス業」，O「教育，学習支援業」に沿って，大学スポーツが事業として行える項目はほぼ無い。常に国税庁長官の承認のための解釈議論を伴う煩雑な作業があり，取引コストの観点で鑑みるならば，大学スポーツへの還元は諦めざるを得ない結果を招く。また，学校教育事業の規模によって収入制限（係数）が加わるため，大学スポーツの事業化は，一概に現行制度において可能であるとは言い難いのではないだろうか。すなわち，事

業規制や法人課税は，大学スポーツの振興に大きな壁となっている。大学スポーツに関わる事業収入を，収益という概念ではなく，教育，学術研究，社会調査（平成25年新規項目）の概念へとパラダイムシフトすることが求められる。

また，教育（大学スポーツ含む）に対する寄附者への軽減税率の大幅な見直しなども考えられないだろうか。租税特別措置法第40条「当該贈与又は遺贈が教育又は科学の振興，文化の向上，社会福祉への貢献その他公益の増進に著しく寄与すること」などの解釈に関わる根拠法である教育基本法に従うならば，ここでも「部活動」の扱いを巡る議論（教育 or 厚生補導）となる。大学スポーツは非常に弱い立場となることを踏まえた議論が求められる。

更に，大学スポーツに関わる重要なアクターとして，各大学のスポーツ指導者やスタッフがいる。この指導者やスタッフの契約に関わる法もガバナンスとして看過できない問題である。契約形態は各大学によって様々であるが，労働基本法に基づく一元的な雇用形態，指導者に関わる雇用方法においても大きな壁が存在する。特に学生アスリートの指導には，現状の労働基本法の概念には無い事象が多発する。スポーツの特性に合わせた労働基本法の緩和や雇用形態の創出などがなければ，指導者不在の教育状況，労働基本法に基づく年限による契約の打ち切りが発生する。わが国の成長戦略の柱の1つであるスポーツ，大学スポーツ振興を理解した条件緩和要求なども議論として必要なのではないだろうか。

終わりに，大学スポーツのガバナンスの課題は，全てが部活動の教育的意義や位置づけに起因すると言っても過言ではない。大学横断的かつ競技横断的組織の創設によって，わが国の高等教育とスポーツに関わるガバナンスの再構築の期待をしている。だからこそ，「マクロ-メゾ-ミクロ＋法整備」の広範囲にわたる課題を更に抽出し，これらの課題を国家戦略としてダイナミックに解決していくパラダイムシフトが求められているのではないだろうか。

参考文献

久保正秋（1996）「わが国の『学校教育における運動部活動』の二重構造に関する研究」『東海大学紀要』体育学部，第26号，東海大学，p.1-13.

清野惇（2009）「私立大学における課外活動とその法的諸問題」『修道法学』第32巻1号，広島修道大学，p.374-349.

NCAA.org；"ABOUT THE NCAA," http://www.ncaa.org/about（2017年1月5日 閲覧）

（上田 滋夢）

Column 1　伝統的な大学スポーツ広報機関紙「同志社スポーツアトム」の歴史と役割

　「同志社スポーツアトム」は，同志社大学の体育会機関紙である。簡単に言えば「大学公認の体育会（約50団体）に所属するチーム・選手を扱うスポーツ新聞」のことで，それを製作・発行する編集局は，全て現役学生によって組織・運営されている。

　「アトム」の名称は，手塚治虫のSF漫画作品である「鉄腕アトム」から由来している。鉄腕アトムは同志社大学体育会のマスコットであり，応援歌「同志社アトム」は学生やOB・OGなどから広く親しまれている。「彼は常に同志社の若人を励まし，時には試合会場へも飛来する！」という言い伝えから，編集局の設立に際して，立場を同じにする鉄腕アトムの姿に重ね合わせて「スポーツアトム編集局」と名付けられた。

　この編集局は1978（昭和53）年に創部され，今年で39年目を迎える。創刊号はその年の11月8日に発行され，そこにはスポーツアトム誕生のきっかけと初代編集長である鶴岡信三の熱き想いが記されていた。「同立戦を応援に行った人なら知っていると思うが，観客動員数において我が校は完全に立命に負けている。これは野球に限ったことではなく，体育会本部役員としては寂しいばかりです。そこで本部役員全員が集まって考え出して作ったのがこの新聞です。新聞と言うにはあまりにも恐れ多いのですが，少しでもスポーツの関心が高まり，母校愛を強める事が出来れば幸いです。最初は活字にして発行する予定でしたが，編集員の絶対数の不足と経験の無さから，このような形になりましたが，今後は内容の豊富な充実したものを作って行きたいと思いますので御期待

下さい」(当時の紙面から)。

　現在でも紙面レイアウトや記事，表作成などの作業は全て編集局の学生が行う。1回の編集作業を約1週間で行い，その後に校正作業を続けて，約1カ月かけて一つの紙面ができあがる。定期的な発刊は年間6回で，10月には硬式野球部号外を発行する。スポーツアトム編集局は各部活動に担当者を1〜2名配置し，毎試合取材に足を運ぶ。試合中はSNSを使って試合結果を速報する。取材後はWEB用記事(通称：ヘッドライン)を作成し，インスタグラムへ写真の投稿，号外の作成などを行う。

　主に大きく取り上げるのは，硬式野球部とラグビー部である。5月には同志社大学 対 立命館大学の野球部"同立戦"に向けての特集号を発行し，12月には最多10面構成でラグビー部特集号を発行する。同志社大学ではこの2つの部活動がとりわけ全国的にも知名度が高く，数々の実績と伝統を築いているが，その後方支援としてスポーツアトムが果たした功績は極めて大きいと言えよう。

　スポーツアトム編集局は，取材申請やカメラ申請，情報収集などを全て自分たちの手で行っており，大学に対して記事の送信や写真提供，情報提供も行っている。また，外部との関わりでいうと，ラグビー部では「J SPORTS」に試合レビュー記事を送信する活動も行っている。彼らとしては，本物のメディア組織を目指して日々大学スポーツと向き合っているのであるが，結果的に彼らの活動が大学スポーツのブランディング化に大きく貢献しているのである。

　しかし，スポーツアトムの運営には様々な課題がある。とりわけ経費の問題が大きい。編集局の学生は，直接試合会場に行って，写真を撮り，選手たちの生の声を一早く届けるために全国を駆け回っているが，取材にかかる交通費は全て実費である。したがって，アルバイトをしながらの活動ではあるが，前述の通り取材後には様々な仕事があり，何といっても本業は学業であるため十分な収入を得ることはできない。もちろん，大学からの補助はあるのだが，それだけでは1回分の紙面作成費にも満たない。全ての紙面作成費は広告料や定期購読料で何とか補うことができても，取材にかかる交通費までは賄いきれないのが現実である。

　では，なぜそこまでしてスポーツアトム編集局の学生は機関紙作成に熱意を込められるのであろうか。それは，彼ら自身が大学スポーツの熱烈なファンであり，深い母校愛を持っているからである。彼らは担当チームの取材のために全国を駆け回っている間に，チームや選手に対する愛着心を醸成させ，選手の

一挙手一頭足に感動を覚えながら取材をしている。ただ単に機械的に取材する,記事を書く,写真を撮るのではなく,応援する気持ちやこの部活動のために尽くしたいという熱い想いが彼らの原動力になっている。彼らは選手に最も近いサポーターであり,ファンなのである。

今年で39年目を迎えるスポーツアトム編集局は,昨年度から「イラストレーター」による紙面作成を始め,ただの学生新聞ではない本物のスポーツ新聞を目指して日々研鑽している。編集局の学生たちは,初代編集長の信念を脈々と継承し,まさに鉄腕アトムの名に相応しい同志社大学体育会のヒーローなのである。

(栁田　昌彦)

Column 2　追手門学院大学／高校大学連携の事例

　学校法人追手門学院(以下,「本学院」とする)は,大阪府にて幼保連携型認定こども園,小学校,中学校(2校),高等学校(2校),大学,大学院を有する総合学園であり,わが国において早期にガバナンス改革を進めた学校法人の一つである。特に近年,学院の大学に関するガバナンス改革は大学界やマスコミで取り上げられる機会も多く,学内外でその改革の進捗を感じることができる。中でも,積極的に進めているのがスポーツにおける改革であるが,特色の一つに,大学スポーツを軸に高等学校との連携を図っていることが挙げられる。ここでは,追手門学院大学のスポーツのガバナンスについて,高等学校との連携を交えコラムとして紹介する。

　追手門学院大学(以下,「同大学」とする)は2012年,スポーツ強化制度を立ち上げ,特定強化クラブに女子サッカー,女子ラグビーを,強化クラブに男子サッカー,男子ラグビー,アメリカンフットボール,硬式野球,洋弓,チアリーダー,少林寺拳法,剣道といった各部10団体を公認し,その指導に力を入れ始めた(現在は,剣道を除く9団体)。しかし,当初は各部それぞれが独自に強化を図るものでしかなく,多少の成果は現れるものの,全ての強化クラブが一体となってアスリート教育と競技成績の向上を果たせているとは言い難い状況であった。

一方，同大学と同じキャンパス内で教育活動を行っている追手門学院高等学校（以下，「同校」とする）も，2012年，Ⅱ類スポーツコースを設置し，大学の上記10団体中4団体にあたる，女子サッカー，女子ラグビー，アメリカンフットボール，男子サッカー（ガンバ大阪ユース）に焦点を絞り，アスリート教育を行う体制を整えた。しかし，これらの高大スポーツ強化策は，高校，大学の独自性が優先され，法人執行部が当初想定していた高大連携および高大スポーツのガバナンスには至らない期間が数年続いた。

　2017年4月，同大学は，本格的なスポーツのガバナンス体制確立を目指し，「課外活動支援センター」を設置した。これまで同大学では，ガバナンスの一環としてスポーツ強化改革，アスリート教育改革を目指していたが，これによりようやくその体制を整えることができた。その結果，競技力向上やアスリート教育を実践できる責任者をセンター長に任命し，ガバナンス体制が整った対応が可能となった。各部の指導者と大学関係者によるコーチ・ブリーフィングの毎週実施，指導者および学生アスリート研修の定例化を図れた。また，強化クラブ所属学生に関しては，GPA管理（GPA2.2以上でないと活動できない。成績不振者には補習授業も検討中）や，学生アスリートの就職支援体制を確立するなど，その改革はスポーツだけに留まらない。さらに，大学公認全団体の1年生を対象に，合宿研修（フレッシュマン・キャンプ）の本格的実施，高校生スカウティング方法・経過等の一元管理など，多岐にわたる改革を短期間で一気に進めることができた。これらの活動は半期に一度開催される報告会にて，スポーツ強化クラブ各コーチより，学院・大学執行部および教職員に向け報告され，競技成果の他に，学業成績，授業出席率，社会貢献活動なども含めた総合的な発表が実施された。

　一方，同校との連携についてはまだまだ緩やかな状況である。すなわち，学院や大学，高校のガバナンスのもとで連携に繋がる改革が実施されているとは言えない。この状況を打破するためには，高校と大学が共に活動を行うことで成果を上げてきた女子ラグビーや，大学から学生コーチを高校に送りだすことで連携をとっているアメリカンフットボールをモデルに，実質的な高大連携のあり方をさらに探る必要がある。このような流れから，高大それぞれの指導者が一同に集まり意見交換会や交流会を行うことで，男子サッカー，硬式野球は，高大連携が視野に入りだしている。特にサッカーについては，男女および高大の4つの部が一体となった指導体制，アスリート教育体制を行うよう検討されており，新たな高大連携スタイルを確立する日も遠くないのではなかろうか。

また，本学院は2019年度に新キャンパス開設を予定しており，高校は全面移転，大学は2キャンパス制となることから，今後，新キャンパスでの高大連携がより強化されることが期待される。また，入試広報面においても大学が行っているアスリート教育を高校年代から大学と連携して行うことは，非常に効果的であり，高校のⅡ類スポーツコースと大学のアスリート教育による連携や共同は今後，さらに期待されることになるであろう。

　最後に，これからの大学スポーツや学校での部活動は，それぞれの部やクラブ単独や指導者個々の想いだけでマネジメントされるものではなく，法人や大学，学校によるガバナンス体制とその実質化の下，マネジメントされることが重要となるであろう。

※本コラムは著者の2017年度の所属(追手門学院大学学長補佐(スポーツ改革担当))によって執筆されたものである。

(秦　敬治)

Column 3　関西の学連の試み／バレーボール

　関西における大学バレーボール組織(学連)の歴史は85年に至っており，その結成は1933(昭和8)年京都帝国大学をはじめとする7大学によって行われた。当時の設置趣旨を見ると「我が国の排球(バレーボール)界の発展向上を期す」と唱われており，大学が日本バレーボール界全体を競技力，普及においてリードしていくという意気込みが表れている。

　以来歴史を積み重ね，現在では加盟チーム141(男子68チーム・女子73チーム)の組織規模となり，大会開催，競技力向上，人材育成などの事業を展開している。実務は6専門委員会(総務・競技・審判・広報・強化指導普及・ビーチバレーボール)が担っており，学生と学識経験委員が協力し業務にあたっている。年間の運営経費は，登録料等1000万円，入場料・物品販売等250万円，寄附金・雑収入等50万円であり合計1300万円の規模となっているが，相当厳しい台所事情であることは否めない現状である。

　このように運営されている学連であるが，日本スポーツ界全体の潮流(1)

スポーツ庁が設置されプレゼンスが高まっている，（2）人気スポーツの浮き沈みが激しい，（3）競技力の地域格差が固定化しつつある，（4）競技人口の減少が見込まれる，を考えると，組織運営の抜本改革が求められている時代であると認識しており，「ビジョン」（経営理念）をしっかりと構築し，それに基づいた「中・長期計画」（アクションプラン）を策定しながら運営を的確に推進することが重要であり，以下の3点が柱になるものと考えている。

①「構造改革」（お友達組織から脱却しプロが執行する専門家組織へ移行）
②「体質改革」（経験に偏重した指導を是認する，暴力を容認するといった非科学的，非民主的文化の排除）
③「財務改革」（会費・補助金など"もらう収入"依存から"稼ぐ収入"へのファイナンス構造の転換）

以上のような改革を行っている関西大学バレーボール連盟であるが，今後の日本版NCAAの検討に関しては，大学スポーツの構造改革を伴う事柄であり，多くの大学スポーツ団体（学連など）の趨勢に多大な影響を及ぼす変革であることから，「期待」と「不安」が入り乱れる『相剋』の状態にあると考えている。

◎期待
1）大学スポーツの注目度が高まり，経済界等からの支援増が見込める。
2）大学内での認知度，評価が向上し，組織，施設，制度等の拡充が望める。
3）若年層へのアピールが強化でき，大学への進学意欲が向上する。
4）事業収入，協賛収入が増加し，再投資による「質」の向上が望める。
●不安
1）学連としての独自性，独立性が阻害され，自主的な運営が困難となる。
2）競技力，ブランド力のある大学のみにメリットが集中する。
3）中堅大学，弱小大学のスポーツへの取り組み理念が劣化し疲弊してゆく。
4）学生本来の勉学やインテグリティ教育を確実に担保することができるか。

大学スポーツの改革は時代の求めであり，避けては通れない節目であると考えている。しかし，これが「学生のため」「スポーツのため」という本質的な理

念を見失い,「経済活性化のため」「大学の生き残りのため」だけの議論に特化されてしまうと「利用された改革」となり,社会環境などの変化により何時しか価値が見放され,見捨てられる運命が待っていることとなる。

　スポーツ団体が,行政組織,経済界,大学設置者などと協調しつつ「大学スポーツの主体性」を失わず改革議論を行うことが期待されていると言えるであろう。

(山本　章雄)

Chapter 4

学生アスリートの教育

01 | スポーツ選抜入試の現状と課題

1 大学入学選抜試験の種類

　大学入学後，各学部に所属し体育会クラブなどでスポーツを行う学生アスリートも，大学に入学するにあたって各大学の「入学者選抜試験(以下，入試)」を受験し合格したのちに入学している。ひとくちに入試と言っても，現在の日本の大学においては様々な入試制度が存在している。例えば龍谷大学の文系学部においては，学部1年次に入学するための試験が20制度ある。この中で，学生アスリートが大学入学のために受験する入試として主要なものが，高校時代のスポーツ競技の成績を出願資格の1つとする，いわゆる「スポーツ選抜入試」である。他にも，アドミッション・オフィス入試（以下，AO入試）や大学が特定の高等学校を指定し実施する指定校推薦入試等で入学する者もいるが，ここでは高校生アスリートのスポーツ競技の成績を大学側が評価し，入試制度の出願資格等に反映させたものを「スポーツ選抜入試」とし，その現状と課題について整理をする。

　大学における入試については，毎年5月末ごろに文部科学省より通知される「大学入学者選抜実施要項」に基づき適切に実施することが求められている。この「大学入学者選抜実施要項」の最新のものが「平成30年度大学入学者選抜実施要項（平成29年6月1日付け29文科高第236号文部科学省高等教育局長通知）」であ

る。ここには入試方法として一般入試，AO入試，推薦入試，専門学科・総合学科卒業生入試，帰国子女入試，社会人入試が明示されており，この種別を参考に，各大学は独自の大学の入試を実施している。

「スポーツ選抜入試」については，「AO入試」「推薦入試」のカテゴリーで実施しているケースが多いと考えられる。その理由として，「AO入試」「推薦入試」については入試の実施時期が「一般入試」よりも早期であること，「専門学科・総合学科卒業生入試」や「帰国子女入試」，「社会人入試」よりも出願できる対象者が多いことが挙げられる。「一般入試」よりも早期に実施できることで，各大学・各クラブで必要とする「戦力」や「人材」を早期に確保することが可能となるからである。また，出願資格を満たす受験生が多いほど，より各クラブの戦略に沿った「戦力」・「人材」の獲得の可能性が高まる。

「高校生アスリート」が高校時代の競技成績を基に受験する「スポーツ選抜入試」を一般的に「スポーツ推薦入試」と呼ぶことが多い。この「スポーツ推薦入試」という通称から，「スポーツ選抜入試」は「推薦入試」の1つとしてイメージされるが，「大学入学者選抜実施要項」に照らしてみると，大学によっては「推薦入試」ではなく「AO入試」や「その他の入試」にカテゴライズされるべきものも少なくない。例えば，関西大学の「スポーツフロンティア入試」は高校時代の競技成績を出願資格としているが，出願に際して「高等学校長の推薦書」は必要でなく，「大学入学者選抜実施要項」の「推薦入試」とは異なる運営となっている。

（1）「推薦入試」とは

「平成30年度大学入学者選抜実施要項」においては，推薦入試は「出身高等学校長の推薦に基づき，原則として学力検査を免除し，調査書を主な資料として判定する入試方法」と定義づけされている。また，実施上の留意点として，①高等学校の評定平均値を出願要件等に用いる，②推薦書・調査書だけでは志願者の能力・適性等の判定が困難な場合には，ア．各大学が実施する検査（筆

記・実技・口頭試問等）による成績を合否判定に用いる，イ．大学入試センター試験の成績を出願要件や合否判定に用いる，ウ．資格・検定試験等の成績等を出願要件や合否判定に用いることのうち少なくとも1つを講ずることが望ましいとしている。この文面をみると，推薦入試は学力検査を免除する入試としながら，「留意点」としては学力検査に準ずるものを課すことが望ましいとしており，矛盾した内容とも捉えることができる。この「留意点」は，平成23年度大学入学者選抜実施要項から記載されているもので，平成22年度からの変更の背景として入試実施期日の縛り，出願要件や学力検査を必要としないAO入試は，大学生の学力低下の一因として新聞にも取り上げられたこと等が挙げられる。これに伴い推薦入試についても，学力検査を取り入れることで受験生の学力の把握に努めることが望ましいとされたものと考えられる。

　推薦入試の実施時期は，願書受付を11月1日以降とし，合格発表を一般入試の試験期日の10日前までに行うことと，「平成30年度大学入学者選抜実施要項」では記されている。

（2）「AO入試」とは

　「AO入試」は書類審査や面接等を丁寧に行い，志願者の能力や適性，学修に対する意欲などを判定する入試で，米国で広く実施されている方式であったが，日本では1990年代から多くの大学で取り入れられた入試制度である。「AO入試」は審査に時間を要することから，一般入試の試験期日が「大学入学者選抜実施要項」において2月1日以降とされているのに対し，「AO入試」は高等学校教育に対する影響や入学志願者に対する負担に配慮することに留意すれば，試験実施期日の定めがなされていなかった。そのため大学の経営的観点から入学者確保を急ぐ大学は早期に合格発表を行い，入学者の「青田買い」につながるとともに，学力試験を課さないことから大学で学修するうえで必要となる学力がAO入試による入学者は十分ではないとの批判が広がった。このような状況から，「平成24年度大学入学者選抜実施要項」から「AO入試」の願

書受付を8月1日以降とすること，およびセンター試験の成績や高等学校の評定平均値など，学力に関わる内容を出願要件や合否判定に用いることを明記している。

(3)「スポーツ選抜入試」とは

「スポーツ選抜入試」においては，書類審査や面接，実技試験を課す大学が多い。出願書類に学校長の推薦書を必要とするかどうかという点はあるものの，「スポーツ選抜入試」は性格としては「推薦入試」よりも「AO入試」に近いと考える。

2 関西の大学のスポーツ選抜入試

(1) 現状

このような入試制度の状況を踏まえ，今日では多くの大学が「スポーツ選抜入試」を実施している。多くの大学で高校3年の秋に試験を実施し，年内には進学先が決定する状況にある。また，「専願性」で実施することで，合格後，他大学に進路を変更することがないような取扱いを行っている大学が多いことも特徴である。「専願性」入試は合格後，必ず入学することが義務づけられるが，一般的に合格の可能性が高いことから，出願者にとっては大学・学部への

表4-1　大学スポーツ選抜入試の概要（関西圏大学の事例）

大学	併願	出願資格		試験日	試験内容
		評定平均値	競技成績		
A大学	不可	3.3	都道府県ベスト8	9月中旬	小論文・面接
B大学	不可	3.3	都道府県ベスト8	9月中旬	小論文・面接
C大学	不可	3.3	都道府県ベスト8	11月中旬	小論文・面接
D大学	可	3.4	都道府県ベスト4	10月中旬	小論文・面接
E大学	可	3.2	全国大会出場	10月中旬	小論文・面接

注：各大学の代表的なケースを抽出。異なる出願条件等で実施している場合もあり，各大学の全ての「スポーツ選抜入試」の内容を網羅しているわけではない。

志望動機が高ければ受験しやすい状況にある。

　関西の各大学においては，出願条件として高等学校における評定平均値，競技成績を設定するとともに，試験においては書類審査，小論文，面接，実技等を実施し，これらを合否判定に用いている（表4-1参照）。

（2）課題

　上記のような状況から垣間見えることは，大学によって出願条件はまちまちであり，中には学力の担保の1つともいえる評定平均値を出願条件として設定していないケースも見られる。部活動指導者は，自身の指導するクラブがより良い競技成績をあげることを目標とすることは当然であることから，高い評定平均値を出願条件に設定している大学の部活動指導者は，より良いスポーツ競技の実績を有する学生アスリートの入学を求めて，出願条件の緩和を求める方向に流されやすくなる。評定平均値が低くとも，学修に対する意欲・能力を十分に持つ学生がいることは，各大学において認識されていることであると思うが，入学試験を取り巻く環境としては，「AO入試」において以前は規定されていなかった学力に関わる内容を出願要件や合否判定に用いることが求められるようになったことからも，入学試験要項上に見える形での学力の担保の重要性は高まっていると考えられる。また，競技成績の向上の観点からは，より有力な学生アスリートを獲得できるように他大学よりも有利な（学力基準の低い）出願条件を整備したいという現場の声はなくならないと思われることから，米国NCAAで取り入れられているような大学間における統一した基準（出願資格における設定評定平均値等）の設定も今後検討する必要があるのではないか。

　入試制度そのもので見ると，「スポーツ選抜入試」の具体的名称に「推薦」と文言が入っている大学のうち，実施時期が「推薦入試」と異なる入試も複数大学で散見される。この場合，「大学入学者選抜実施要項」におけるどの入試に当たるのか不明確である。もし，「大学入学者選抜実施要項」の「推薦入試」のカテゴリーでの実施という認識の場合は，近年，文部科学省の実施する大学

を対象とした各種補助事業において「大学入学者選抜実施要項」に基づく入試実施を行っていることが応募要件となっているものが増えつつあることから，大学内における制度のあり方の整理が必要となろう。

　また，いわゆるリクルート活動については，各クラブの指導者を中心に高校生アスリートへの勧誘を行っているが，専願性入試を利用することを考えると，出願の時点でほぼ，合格・入学が確定している状況にあり，リクルート活動を行うものに入学者選抜合否判定という大きな権限を預託しているといっても過言ではない。このような状況は，大学入学者選抜の公平性・公正性を担保する上で大きな課題と考えられる。入試の公平性・公正性を担保するためにも，クラブ関係者以外による競技成績・学業成績の事前チェックなども必要であると考えられるが，競技によって大会の位置づけや出場者のレベルはまちまちであり，合否判定を行う各学部等でこの内容を正確に把握することは容易ではない。そのような中で龍谷大学においては，「スポーツ選抜入試」出願者の競技成績・学業成績等を確認するため，クラブ関係者以外の教職員から成る組織（チーム）で，行き過ぎたリクルート活動が行われていないかを確認し，出願書類のチェックを行った上で客観的な評価を行い，学部の書類選考に資する資料を作成・提出する仕組みを構築している。

３　入試と学生アスリートに対する経済援助

　有力な学生アスリートに自大学に入学してもらうために，大学生活で必要となる学費等に対する経済援助を行う大学・クラブがある。この内容について詳細は不明であるが，学費や寮費の免除や栄養費という名目の生活費支給などが行われていると聞く。このような事例が増加するにつれて，より良い条件の提示が有力な学生アスリート獲得には重要という動きにつながるものと考えられる。このような学生アスリートの状況はプロスポーツ選手に近い状況とも考えられ，大学で学修を行う大学生の姿とは少しかけ離れたものに映る。入学者選抜同様，大学間の学生アスリート獲得競争の過熱を抑えるためには，大学間に

おける統一した基準（金額，人数等）の設定も今後検討する必要があるのではないか。

引用文献
文部科学省資料「平成30年度大学入学者選抜実施要項（平成29年6月1日付け29文科高第236号文部科学省高等教育局長通知）」
2018年度関西大学スポーツ・フロンティア入学試験（SF入試）入学試験要項

（津田 直哉・松永 敬子）

02 教育プログラムの確立
── ライフスキルプログラムと学修支援

はじめに──学生アスリートの学業問題

　2017年3月に公表された「大学スポーツの振興に関する検討会議最終とりまとめ～大学スポーツの価値の向上に向けて～」[1]では，学生アスリートにとっての大学時代を「競技力向上のキャリア面で重要な時期であると同時に，将来社会で活躍するうえで必要なスキルを身につけ，人間形成を図るうえでも重要な時期」と位置づけ，学修上の配慮やキャリア形成支援が重要であるとしている。同時に，「大学の関与が限定的であることから，学生アスリートの学業環境や就職への支援が十分になされていない」，また，「一部の学生においては，運動部活動に偏重するあまり，学業成績の低下や卒業要件を満たさない者もおり，学業環境の整備が求められている」と現状の課題について述べている。学生アスリートの学業問題とは，実のところは後述するように，専らスポーツをするために大学に入学する学生や学習意欲・学力が不足している学生をどのように育てるかという問題である。そして，この問題は多くの場合，スポーツ推薦入試制度と対をなしている。

　学習意欲や学力に欠ける学生アスリートの「文武両道」を支援するためには，まず学業とスポーツの両方に取り組む意味を理解させ，学生自身の意識を変革

することが重要である．同様の課題に突き当たった米国では，NCAAがアスリートのデュアルキャリア支援のための取り組みとして「ライフスキルプログラム」を導入し，一定の成果をあげてきた．近年，日本でもいくつかの大学で同様の目的をもった教育プログラムが開始されている．本節では，このライフスキルプログラムを中心に学生アスリートの教育プログラムや学業サポートについて現状と課題を整理し，今後を展望する．

1 ライフスキルプログラムとは

「ライフスキル」という語は，広い意味では「社会生活に必要な能力」と理解される．昨今，日本の教育界では「生きる力」（文部科学省）や「社会人基礎力」（経済産業省）などの言葉を用いて社会生活に必要な能力を示しているが，ライフスキルはこれらと何が違うのだろうか．学習指導要領でいう「生きる力」とは，変化の激しい社会を生きるための力，すなわち「確かな学力，豊かな心，健やかな体」というように知・徳・体のバランスを重視する概念として用いられる．また，「社会人基礎力」は「職場や地域社会で多様な人々と仕事をしていくために必要な基礎的な力」を指し，おおまかに「前に踏み出す力，考え抜く力，チームで働く力」の3つで示される．ライフスキルもこれらと類似した概念であるが，とりわけ他者との関わりや問題状況に適切に対応するための社会心理的能力に着目した概念といえる．1990年代にはWHO（世界保健機関）がライフスキル教育を推進し始めたが，そこではライフスキルを「日常生活で生じるさまざまな問題や要求に対して，建設的かつ効果的に対処するために必要な能力」と定義し，以下の10項目に整理している．[2]

① 意思決定スキル（Decision making）
② 問題解決スキル（Problem solving）
③ 創造的思考（Creative thinking）
④ 批判的思考（Critical thinking）

⑤ 効果的コミュニケーション（Effective communication）
⑥ 対人関係スキル（Interpersonal relationship skills）
⑦ 自己認識（Self-awareness）
⑧ 共感性（Empathy）
⑨ 情動への対処（Coping with emotions）
⑩ ストレス・コントロール（Coping with stress）

　これらを学習によって獲得可能な「スキル」として捉え，体系的に学習・体得させようとするのがライフスキルプログラムである。WHOのライフスキル教育は，身体的・精神的・社会的な健康を保持・増進するヘルスプロモーションへ導くことを意図するものであった。現代社会を生き抜くためのライフスキル教育は，保健以外の領域でもなされており，学生アスリートに対する教育プログラムもその一つと位置づけられる。

2　学生アスリートを対象としたライフスキルプログラム――米国の事例から

　では，学生アスリートに必要とされるライフスキルプログラムとはどのようなものだろうか。前述の①～⑩までの項目は，実はスポーツによって磨かれる資質と共通していることに気づく。競技の場では変化する状況の中で常に自ら判断して意思決定をし，失敗を繰り返しながらも次のステージに進もうとすることが要求される。その過程では，現状から一歩進むために何をすべきかを問い，新しい試みをなすための批判的思考や創造的思考が必要となる。また，監督・コーチやチームメイトをはじめとする多くの人たちと関わり，共感や尊重に基づいたコミュニケーションを学ぶ場にもなり得る。さらには自己を客観視し，ゲームでの緊張状態や様々なストレスをコントロールする術を身につけることも必要であろう。つまり，スポーツ活動自体がライフスキル教育の場になり得るのであり，課外活動に期待される最大の役割はこの点にあるといっても過言ではない。にもかかわらず，なぜあらためて学生アスリートへのライフス

キルプログラムが必要とされるようになったのだろうか。

　昨今，わが国でも学生アスリートを対象としたライフスキルプログラムを実施する大学が増え，そのモデルが米国にあることもよく知られるところとなってきている。Chapter 2で示されるように，米国では20世紀前半から大学スポーツが高度化・商業化し，1980年代までにプロスポーツをしのぐほどのマーケットを形成してきたが，その一方で様々な矛盾も引き起こされてきた。競技と学業との両立，キャリア教育などの課題に加え，ロッカールーム内での発砲事件やドラッグの蔓延などアスリートの反社会的行為の増加も問題となっていた。スポーツ一辺倒となり，一時の輝きを求めることと引き換えに学業を疎かにし，競技生活を終えた後の社会生活に適応するための力が備わっていないアスリートの存在がクローズアップされ，学生アスリートの人間教育に力が注がれることとなったのである。1981年に開始されたジョージア工科大学の「トータル・パーソン・プログラム」は，その端緒的事例として知られる。当時，同大学の体育局長となったホーマー・ライス氏が構築したプログラムは，新入生オリエンテーションに始まり，学修支援，ライフスキル教育，地域貢献活動，就職支援，表彰制度，学生によるプログラム評価などで構成され，総合的な人格形成をねらいとするものであった。つまり，ライフスキルプログラムは，競技に偏向しがちな学生アスリートの全人教育プログラムの一部として始められたのである。

　チームの強化とともに，競技生活を終えた後のことを見据えた学業との両立やライフスキル教育などを進めた結果，ジョージア工科大学のアスリートたちは競技力・学業成績ともめざましい進歩を遂げたという。つまり，学業と競技の両立は，競技パフォーマンスの妨げになるどころか向上させる力になり得ること，全人的な成長がさらなる競技への達成へとつながることを示したのであった。

　この成功モデルは，NCAA が提案する CHMPS/Life skills programs へと引き継がれている(CHAMPS：Challenging Athlete Minds for Personal Success)。

NCAAのプログラムは政府機関と加盟1200校の協働によって運営される[4]。プログラムは学生アスリートの学修支援やキャリア教育，社会貢献活動などを盛り込んだ体系的なものとなっており，競技で培った資質を社会生活に結びつけ，人生の成功へ導くことがねらいとされている。その核となる取り組みは，やはり学業と競技との両立である。

　NCAAは，大学スポーツ界で発生する様々な課題や矛盾を解決すべく，形成・発展してきた組織である。そして，現在もそれらの矛盾は全て解決しているわけではない[5]。しかし，全米的なルールづくりの過程や基本的な考え方，具体的な施策は，日本の大学スポーツを再構築しようとする際に多くのヒントを与えてくれる。その光と影をしっかりと把握した上で，日本の大学スポーツのこれからを見据えた教育プログラムのあり方を検討することが必要であろう。

3　日本におけるライフスキルプログラム——大学スポーツの価値を高めるために

　現在，日本の各大学で実施されつつある学生アスリートへのライフスキルプログラムでも，当初の米国と同様に，スポーツに偏向しがちな学生生活のバランスを整え，学ぶ意欲や学力に欠ける学生を「文武両道」や「社会貢献」，「キャリア教育」へ導くことが課題とされている。ただし，ライフスキルプログラムだけで状況が改善できるわけではない。各大学の学生受け入れ方針や指導体制をふまえ，大学スポーツの活性化をはかる総合的な取り組みの中にプログラムを位置づけていくことが重要である。チューター制度などの個別の学業サポートは，こうした環境づくりがあってはじめて十分な実効性をもつ。

　日本の大学スポーツがNCAAに見習うべきは，学業を重視し，バランスのとれた人間の育成を目指すための枠組みやルールであろう。NCAAではシーズン制が敷かれ，チームでの練習時間は限られている。また"No Pass, No Play"の原則，すなわち試合に出場が許されるための成績基準を徹底することで，一般の学生と同じように学修することが当たり前になるように制度がつくられている。現在は，日本でも各大学で成績基準を設け，学業情報を管理す

るなどの取り組みが行われつつある（具体的な事例は Column 4「龍谷大学ライフスキルプログラム」参照）。こうした取り組みが全国的に共有され，大学スポーツ全体のルールづくりが進めば，高校以下を含めたスポーツ界全体を変革する影響力を持ち得るのではないだろうか。

　また，学生の人間的な成長や大学スポーツの価値の向上を目指すという意味では，卓越性の追求とともにフェアネスや尊重・友愛の精神をスポーツの価値とするスポーツ・インテグリティ教育も重要である。スポーツはともすればルールの編み目をくぐるチート行為を助長する場にもなり得る。スポーツの教育力を活用しながら「正しく生きる」スタイルを確立するための支援もライフスキルプログラムに期待される役割である。

　大学の社会的役割を考えたとき，大学スポーツは社会に有為な人物をどれだけ輩出できるかにプライオリティを置くべきである。大学スポーツをより高度化し，産業化させようとすること自体は一概に否定されるべきことではない。しかし，問題とされるのはそれらを含めたパッケージとしてどのように大学スポーツの価値を向上させるかである。その意味で，ライフスキルプログラムなどの学修支援は，「日本版 NCAA」として示された大学スポーツの活性化や価値向上の試みの中核と位置づけられよう。「スポーツ界を変革し，日本社会を変革していく力量をもった人物を育てることが大学スポーツ界の使命である」という気概でこの課題に取り組まねばならない。

注

1）文部科学省（2017）「大学スポーツの振興に関する検討会議最終とりまとめ」http://www.mext.go.jp/sports/b_menu/shingi/005_index/toushin/1383246.htm（2017年9月30日閲覧）
2）WHO 編・川畑徹朗ほか監訳・JKYB 研究会訳（1997）『WHO・ライフスキル教育プログラム』大修館書店．
3）吉田良治（2013）『ライフスキルフィットネス――自立のためのスポーツ教育』岩波書店．以下，本節で触れるアメリカの事情については同書参照．
4）NCAA ホームページ「Life Skills」http://www.ncaa.org/about/resources/leadership-

development/life-skills（2017年9月30日閲覧）
5）NCAA が結成された背景や現在の組織に至る過程，直面する課題については，宮田由紀夫（2016）『暴走するアメリカ大学スポーツの経済学』東信堂，参照。

（佐々木 浩雄）

03 スポーツマネジメント人材の育成
―― 課外活動に求められる人材像

1 学生アスリートに求められるマネジメントとは

　マネジメントという語は，一般的に「経営」と訳され，企業や組織における文脈において用いられる。世界最大の経営学会である Academy of Management では，マネジメントは組織を成功に導くあらゆるもののなかで，組織やその管理・運営の仕組みなどを論じるものとしている（Academmy of Management, 2017年9月30日確認）。また，「マネジメントの父」と呼ばれるドラッカーは，マネジメントの役割を，①組織に特有の目的と使命を果たし，②仕事を生産的なものにし，働く人たちに成果を上げさせ，③自らが社会に与える影響を処理するとともに，社会的な貢献を行うことであるとした（ドラッカー，2008）。つまり，マネジメントとは，企業や組織を成功に導く仕組みや考え方，そのための能力などを指す。

　また，マネジメントという語は，他の語を伴って様々な場面に対して用いられる。たとえば，「アセットマネジメント」といった場合には，資産管理や資産運用を指す。「メンタルマネジメント」がスポーツの場面においても重要であると指摘されるが，これは自己の精神状態のコントロールを意味する。また，マネジメントをする人を表すマネジャーには，芸能人のマネジャーや介護支援専門員であるケアマネジャーなどがいる。スポーツにおいても，部活動やプロチームにマネジャーがいる。さらには，チームの監督をマネジャーと表現することもある。これら全ての場面や人に共通することは，それぞれの課題や目標を達成するために試行錯誤を重ねている点である。

つまり，スポーツマネジメントは，スポーツのあらゆる場面において，個人や組織の成功を導くための仕組みや考えを意味する[1]。また，学生アスリートに求められるマネジメントとは，アスリートとして求められるスポーツに関する目標はもちろんのこと，学生として求められる課題も同時に達成することである。以下では，学生アスリートがマネジメントすべき課題を整理する。そのうえで，特にキャリアに関連して，学生アスリートが大学生活を通じて獲得するスポーツ以外にも適用可能なマネジメントに係る能力について論じる。それを通じて，学生アスリートが目標とすべき人材像を描き，そのような人材を育成するための大学のプログラムの必要性に触れる。

2 学生アスリートが対処すべき課題

Wylleman and Lavallee (2003) が提示した「アスリートのキャリア移行に関する発達モデル」（図4-1）によれば，一般的に学生アスリートは次のような段階にいる。つまり，競技レベルでは「成長期」から「熟練期」にあり，心理レベルでは「青年・成人期」にある。また，心理社会的レベルでは仲間や指導者，両親だけでなく，パートナーの影響を受けるようになり，学問的・職業的レベルでは高等教育を受ける段階にある。この段階は，児童期・思春期に親

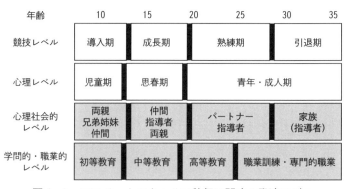

図4-1 アスリートのキャリア移行に関する発達モデル
出典：Wylleman and Lavallee (2003).

兄弟や仲間からの影響を受け，初等・中等教育を受ける「導入期」と「成長期」の初めの段階を過ぎ，在学中や卒業後，あるいは，卒業後しばらくしてから迎える競技から一線を退く「引退期」の間にある。つまり，学生アスリートは，これまでの延長線上にありながら，アスリートとしてのキャリアから新たな別のキャリアへ移行する準備の段階にある。

　この段階にある学生アスリートは，① 学業面の責任，② 周囲からの賞賛や批判，そして，③ 認知および精神の発達課題の達成という3つの課題に直面する(Carodine et al., 2001)。学業面の責任においては，たとえば，米国のNCAAでは取得単位数などの要件があり，それを満たさない場合にはスポーツ活動の制限や制裁が加えられる。現在の日本の大学においては各大学が独自に要件を設定しているケースがあるが，今後，日本版NCAAが進展するにつれて一律の規定により義務づけられる可能性があり，ますます学業面の責任に対する要請が強くなることが考えられる。また，大学スポーツが盛り上がるにつれて，人々やメディアの関心が強まることが予想され，学生アスリートは虚実入り混じった姿を描かれ，周囲からの毀誉褒貶に対処する必要がある。さらに，他の学生と同様，自身のキャリアの決定，効果的な人間関係の構築，自尊感情やアイデンティティの確立といった青年期と成人初期における発達課題に取り組む必要がある。

　また，Blinde and Greendorfer (1992) によると，学生アスリートが直面する葛藤には，① 価値疎外，② 役割緊張，③ 役割葛藤，そして，④ 搾取の4つがある。「価値疎外」は，スポーツプログラムの価値基準と学生アスリート個人の価値基準の不一致から生じるものである。「役割緊張」は他者の学生アスリートに対する様々な期待や要求に応えようとする際に，そして，「役割葛藤」は自身の複数の役割に対する様々な期待や要求に応えようとする際に経験するものである。「搾取」は，アスリートとしての期待が他の役割における期待よりずっと大きなものになり，他の役割を十分に果たすことができなくなるまで他の役割への関わりを減じさせるようになった際に生じるものである。たとえ

ば，指導者や大学によって求められる価値基準に対応することができない場合に，学生アスリートは価値疎外を感じる。また，指導者や大学から求められることがときによって異なり，指導者や大学の間で異なることがあるかもしれない。そのようなときに，学生アスリートは役割緊張を感じる。また，学生アスリートが，アスリートとして求められる競技面での成果，大学生としての学業面での要請，あるいは，社会の一員としての交友関係の構築と維持，などといった複数の役割において求められることが達成困難である場合に役割葛藤を経験する。そして，それらの並存がもはや困難な場合に搾取を感じる。

　以上のような課題や葛藤を，学生アスリートはマネジメントする必要がある。これらの課題や葛藤を対処できなければ，バーンアウトなどにより，スポーツからの突然の離脱を招く恐れがある。その場合には，十分準備が整わないまま，アスリートとしてのキャリアから別のキャリアへと移る必要性に迫られ，円滑なキャリア移行ができず，その後の人生において大きな問題が生じる可能性がある。そうならないためにも，学生アスリートが自身の課題や葛藤を解決する能力を向上させるだけでなく，大学が組織として学生アスリートの学業やキャリアをサポートするプログラムが必要である。大学が学生アスリートのマネジメント能力の育成を支援することによって，学生アスリートは大学生活を通じて豊かなスポーツ経験を積むことができ，次で述べるようなスポーツ以外のキャリアでも活かすことのできる能力を獲得することが可能になる。

3　学生アスリートが獲得するキャリア能力

　スポーツで培ったスキルとビジネスで求められる能力には結びつきがあると考えられる。たとえば，「明治安田生命『理想の上司』アンケート調査」（明治安田生命，2017）では，「理想の上司」として，原晋，イチロー，長谷部誠といったスポーツの監督や現役選手が上位20名に選ばれた。また，同調査において上司が選ぶ「理想の部下」として，大谷翔平，白井健三，錦織圭，羽生結弦，石川遼が男性の上位10名に，高梨沙羅，石川佳純が女性の上位10名に選ばれた。

さらに，学生アスリートが就職活動において有利であるとの記事や風聞が巷間に広まっており，周知の事実として語られることが多い。学生アスリートがスポーツ活動を通じて獲得しているキャリアに活かすことができる能力には，次に示すようなものが実証的に明らかにされている。

　学生アスリートとそうでない一般学生との間で，大学生活を通じて獲得するキャリア能力で違いがあるのは「目的設定」であると，多くの実証的な研究で明らかとなっている（Gayles, 2009）。また，大学スポーツへの参加は，チームワークや人間関係にうまく対応する能力の開発という見返りが期待できる投資である，と Sauer et al.（2013）は指摘した。特に，学生アスリートが自身や他者の感情を理解し，自身の感情をコントロールする「こころの知能」が高く，知識や経験のある者がそうでない者を支援する「メンタリング」を受け入れ，与えることができ，結果としてキャリアの初期において高い給与を得ていることを実証した。また，島本・石井（2010）は，大学の運動部活動におけるスポーツ経験によって，学生アスリートは，個人的スキル（計画性，情報要約力，自尊心，前向きな思考）と対人スキル（親和性，リーダーシップ，感受性，対人マナー）というライフスキルを獲得し，それによって運動部活動におけるスポーツ経験がさらに促進されるという関係性を実証した。

　一方で，一般学生に比べて学生アスリートは，柔軟な態度や知的好奇心，成熟度を含む，批判的思考のスコアが低かったことが報告されている（McBride and Judy, 1998）。つまり，大学スポーツへの参加が，負の影響を与えることもある。また，前述の学生アスリートが獲得するキャリア能力は，ただ漫然と課外活動に参加するだけで身につくものではない。ここでも，学生アスリートの学業やキャリアをサポートする大学のプログラムが重要な役割を果たすだろう。たとえば，学生アスリートがスポーツで学んだことをスポーツ以外の場面で適用した事例などを提示することにより，自身のキャリア能力に気付かせることができるかもしれない。大学が行うキャリアサポートプログラムの満足度が，学生アスリートのキャリア選択に対する自己効力に影響を与え（Burns et al., 2013），サポートスタッフの非協力的な姿勢が学生アスリートを失望させることから（Carodine et al., 2001），学生アスリートを第一に志向したプログラムの開発が求められる。

注
1）本節におけるスポーツマネジメントの捉え方と，研究対象としてのスポーツマネジメントの捉え方は異なる。研究対象としてのスポーツマネジメントについては，松岡（2010）を参照されたい。

参考文献
Academy of Management「What is Management？」http：//aom.org/faq/（2017年9月30日閲覧）
Blinde, E. M., and Greendorfer, S. L.(1992)"Conflict and the college sport experience of women athletes," *Women in Sport and Physical Activity Journal* 1（1）：97-113.
Burns, G. N., Jasinski, D., Dunn, S., and Fletcher, D.（2013）"Academic support services and career decision-making self-efficacy in student athletes," *The Career Development Quarterly* 61：161-167.
Carodine, K., Almond, K. F., and Gratto, K. K.（2001）"College student athlete success both in and out of the classroom," *New Directions for Student Services* 93：19-33.
ドラッカー，P. F. ：上田惇生訳（2008）『マネジメント［上］——課題，責任，実践』ダイヤモンド社。
Gayles, J. G.（2009）"The student athlete experience," *New Directions for Institutional Research* 114：33-41.
松岡宏高（2010）「スポーツマネジメントの概念の再検討」『スポーツマネジメント研究』2：44-45。
McBride, R. E., and Judy, R.（1998）"Thinking and college athletes：Are they predisposed to critical thinking?," *College Student Journal* 32, 443-450.
明治安田生命（2017）「明治安田生命『理想の上司』アンケート調査を実施！」http：//www.meijiyasuda.co.jp/profile/news/release/2016/pdf/20170206_01.pdf（2017年9月30日閲覧）
Sauer, S., Desmond, S., and Heintzelman, M.（2013）"Beyond the playing field：The role of athletic participation in early career success," *Personnel Review*

42：644-661.
島本好平・石井源信（2010）「運動部活動におけるスポーツ経験とライフスキル獲得との因果関係の推定」『スポーツ心理学研究』37：89-99。
Wylleman, P., and Lavallee, D. (2003) "A developmental perspective on transitions faced by athletes," Weiss, M. (Ed.) *Developmental Sport and Exercise Psychology : A Lifespan Perspective*, Fitness Information Technology.

（大西　孝之）

04 デュアルキャリア支援のあり方

1 キャリアとデュアルキャリアとは

　「キャリア」という言葉は，就職してからの，仕事を中心とした経験の流れを想起させる。体育系部活に打ち込む学生（以下，学生アスリート）にとっては，競技成績やチーム内のポジション，自分が獲得したテクニックなどの外的な要素と，自信や自己効力感など内的な要素からなる，2つのキャリアが始まっていると言える。本節では，その視点からキャリアを捉え，スポーツだけでなく学業や社会的能力などの面でもキャリアを確立するような，デュアルキャリア支援について考えていく。

　次に「デュアルキャリア」という言葉に，読者はどのような印象を持たれるであろうか。近年では，本業以外に副業を持つことを推進している企業もあるし，本業と社会貢献の2軸でキャリア形成を行っている人もいる。学生アスリートにとってのデュアルキャリアは，スポーツとスポーツ以外のスキルや自己効力感などの獲得を意味する。日本スポーツ振興センター（JSC）もこれを進めているが，なぜ今，学生アスリートのデュアルキャリアが話題に上るかと言えば，競技生活引退後にキャリアが「断絶」してしまう事例が見られるからだと考えられる。実際，プロスポーツの選手が引退後に職を転々として苦労している姿を，メディアでご覧になることもあるだろう。デュアルキャリア支援は，この「断絶」を可能な限り短くし，競技引退後の選択肢を増やすためのものと

位置づけられる。

2 学生アスリートとは

では学生アスリートとは,どのような学生なのであろうか。企業の採用で「体育会採用」などという言葉が世に出たことを記憶されている方も多数おられると考えている。そこでビジネス記事(ダイヤモンド・オンライン)から「体育会学生」の特徴を抜粋すると,「ストイック」,「多忙でも優れたスケジュール管理能力」,「礼儀正しく先輩の指示に素直」,「OG・OBの人脈」などの文字が踊る。ここからは,職務に忠実で使いやすい新人というイメージが考えられる。確かに「成功事例」として,そのような話を耳にすることもあるが,「学生アスリート」の実情はどのようなものであろうか。明治大学の高峰修教授の調査によれば,学生アスリートの40%程度が勉強の仕方が分からないと回答し,70%以上が競技成績や部内の地位と関連なく,「体育会である」ことにプライドを有しているという(高峰,2010)。そのためか,競技生活引退後のキャリアについて考えている,もしくは何か行動を始めている割合は10%強と非常に低い結果が出ている。また調査対象集団のプロ・実業団志望者が約25%となっており,この「根拠なき」プライドが,デュアルキャリアを進める阻害因になりえる可能性も否定できない。

3 学生アスリートのキャリア意識について

このような背景として,大学生全体のキャリア意識について考えてみたい。大阪教育大学の安達智子准教授の調査によれば,近年の大学生のキャリア意識には,適職信仰(特別自分に合う仕事があると考える傾向),受身(調査先の大学担当者によって自分で行動できない学生が多いことが判明),やりたいこと志向(好きなことや自分の感覚にしっくりくる仕事を選びたいという意識)があるとされ,この中で「受身」であることが,大学生の職業未決定に結びついていることが示されている(安達,2004)。また,やりたいこと志向は「フリー

ター」の調査でも類似した概念として見られる。

　ここまでの内容をまとめると、暗澹たる気持ちになる。学生アスリートが、競技引退後にキャリアの断絶を起こす理由は、受身にもかかわらず体育会所属のプライドだけで過ごし、引退後のキャリアに意識を向けないから、ということになる。だとすれば、どこから手をつければ良いのであろうか。

　おそらくは「受身」の部分であると考えられる。仮に学生が自身の競技とも受身で接しているとすれば、そこも変えていく必要があるだろう。日本版NCAAがスタートして、もし本家NCAAのシステムをある程度模倣して導入すると仮定すれば、練習時間の制限、学業成績不良時の練習・試合への不参加、キャリア教育への参加などが織り込まれることと推察される。この場合に、これまでの教育の体制・性格であれば、教員側からの縦の流れに従わせるような、半強制的な受講・勉強を、学生アスリートに強いてしまうような状態になりえると考えられる。その理由は、広島市立大学の故荒井貞光名誉教授が述べているように、日本型のクラブ形成過程が「縦型」であるからである。縦型の教育は、競技力や学力の基礎的な面を涵養する上で一定の効果があると思われる一方で、大学卒業後、競技引退後も続く、学生アスリートのキャリア形成上の主体的な意思決定については、学生を受身にさせてしまう可能性があると考えられる。加えて、受身の背景には、「好きであること」ばかりをキャリア選択の理由にしてしまっているとも考えられる。法政大学の寺崎里水准教授は、子どもの頃から「好きなこと」を導入するキャリア教育の限界を指摘しており、「好きだから」という理由で将来の仕事を表明することで、他者からの介入を回避している可能性に言及している（寺崎、2006）。寺崎准教授の調査は、小学生から中学生が対象であるが、「好き」であることを将来選択の理由とする学生が中学生になると倍増すること、「好き」であることが職業選択の理由として他者も納得せざるを得ない職業を選択（看護師、スポーツ選手など、専門職が多い）する学生は相対的に学力が低いことも指摘されている。飛躍的に考えれば、「好き」を表明することで、好きでないこと（例えば勉強や職業教育、好きな

こと以外のキャリアを考えること）を避けているのかもしれない。しかし，大学を卒業するためには，必要な勉強や職業教育を受けざるを得ない。その精神的な負荷を軽減する意味で，「受身」の傾向が強くなる可能性が出てくることになる。

4 学生アスリートのキャリア支援・教育について

したがって，学生アスリートのデュアルキャリア支援は，競技，学習の双方の面で，この「受身」を解消させていくようなものでなければならない。非常に曖昧模糊としているが，キャリア教育を例にとると，イメージしやすいのではないだろうか。

キャリア教育として，学生アスリートが，オリンピアンや元学生アスリートで別の業界で成功した方の講演を聞いたり，時に交流の機会を持ったりすることは，キャリアについて意識を持つための手段としては有効だと思われる。一方で，そのような場の多くは，大学や競技団体が企画しているため，学生アスリートにとっては「与えられた」機会にしかならない。また学生アスリートにとって「好きなこと」である，競技で成功した話は，彼らが競技を「好き」であることを一層強化するものにしかならない可能性を有する。そのように考えると，ある段階からは，学生アスリートが自主的にキャリアを探索していくように仕向けなければならないと考えられる。と言うのも，プロの競技者として生活できる人は一握りであり，実際には競技とは別のことを仕事にしなければならない学生が大部分であるからだ。このようなことは，ある程度，コーチが学生アスリートにリフレクションをさせることで自覚を促せるが，それだけでは「好き」なことに逃げる学生が残る可能性がある。

それでは，競技生活と並行して自主的にキャリアを探索するように仕向けるにはどうするのか，この点について，日本版NCAAがスタートする前提で考えてみよう。電通の花内誠氏は，日本版NCAAが成功するために，大学スポーツを「する」「みる」「ささえる」という3要素が好循環することの必要性を述

べている。一見すると，この話は学生アスリートを取り巻く環境の話のようにも思えるが，実際はこの全てに学生アスリートが関わると考えることが肝要である。学生アスリートの立場からは，「みる」「ささえる」は，自分の所属大学をファンとなってくれる人々と共に様々な面から応援すること，と比較的容易に捉えられる。では「する」は，どうであろうか。

　学生アスリートにとっては「する」とは，自身の競技の練習から試合に至る全プロセスが含まれる。だが，それだけであれば，日本版 NCAA が発足する以前と何の変化もない。また，それだけでは「みる」「ささえる」に参画してくれる，大学外の方を増やすこともままならない。そこには，先述の故荒井名誉教授も述べられていたように，地域にこだわらず，「共に汗を流して競技をする人々」の存在が不可欠である。また，そういった人々と学生アスリートとの関係は，「横」の関係でなければならない（荒井，2003）。この言葉が示す意味は，学生アスリートが子ども達や参加する人々にスポーツを「教える」というような，立場をつけた縦の関係ではなく，それぞれの競技の元に集うフラットな関係であることだと考えられる。応援や練習を共にする中で，自然にそれぞれが持っているものを分かち合うようなモデルである。したがって，その場に参加する部外の方が学生アスリートに何かを伝えたり，学生アスリート自身が何かを聞いたりするような状態が理想と考えられる。

　各大学，各競技の部活の規模にもよるが，チームスポーツであればトップチーム，2軍，3軍……とある場合もあるだろうし，個人競技であれば競技会や大会へ出場できる人・できない人に分かれるであろう。こういった中で一例として，いわば「2軍以下」の練習は，部員以外のメンバーも混じりながら行うといったトライアルが考えられる。そうすることで，学生アスリート自身は自らを奮い立たせる場合もあるし，競技者としての自分に限界を感じることもあるだろう。だが，その時には，部活における利害関係とは無縁の人達と関わっている状態でもあり，自分のことを客観的に捉え，また別の生き方について「生の声」を聞く機会がそこに発生する。このような，能動的なリフレクションは，

他者に誘導されたものよりも，個人にとっては影響が大きいものとなるのではなかろうか。

　これからの学生アスリートへのデュアルキャリア支援を良いものにするためには，プロバスケットボールＢリーグの岡田優介選手が日本代表選手時代に公認会計士資格を取得しようとした際に周囲から向けられた心ない声や冷ややかな視線を感じるような環境を排除すること，学生アスリートに従来の指導やリフレクションを促す一方で，部活を大学の部活から，新たな「クラブ」として門戸を広げ，縦型ではなく横型の人の繋がりを，学生アスリートと参加者との間に創出することが重要となるのではないだろうか。

参考文献
荒井貞光（2003）『クラブ文化が人を育てる』大修館書店。
安達智子（2004）「大学生のキャリア選択」『日本労働研究雑誌』12。
ダイヤモンド・オンライン［2015］『体育会学生が就活に強い４つの理由』http://diamond.jp/articles/-/67214,（2017年９月15日閲覧）
高峰修（2010）「体育会学生の大学・競技生活とキャリア意識に関する調査報告」『明治大学教養論集』452（１）。
寺崎里水（2006）「「好き」を入り口にするキャリア教育の限界——子どものやりたい「しごと」をめぐって」『年報社会学論集』19。
ビジネスインサイダージャパン［2017］『公認会計士，バー経営，チームオーナー…12の顔を持つプロバスケットボール選手が複業をする理由』https://www.businessinsider.jp/post-34391。（2017年９月15日閲覧）。

（横井　豊彦・齋藤　好史）

Column 4　龍谷大学／ライフスキルプログラムの事例

■龍谷大学スポーツ・文化活動強化センターの概要
　龍谷大学の歴史は1639年に西本願寺に設けられた「学寮」にはじまり，2019年には380周年を迎える。1922年に龍谷大学と改称し，現在では大宮・深草・

瀬田の3キャンパスに9学部1短期大学が設置され，約2万人の学生が在籍している。学友会体育局には43クラブが所属し，龍魂編集室（大学スポーツ新聞作成），応援リーダー部も活躍している。2003年度より課外活動の活性化を目的とし，重点クラブ制度を導入。学生・教職員の連帯感の醸成，社会の認知度向上，女子学生の活動強化，瀬田キャンパスの活性化，学術文化活動の活性化等，継続性，将来性を含め指定を開始。2008年度より重点・強化クラブ制度となり，2012年度には要項を制定し，3年ごとに指定クラブを見直すことを明記した。第5次長期計画アクションプランにおいて，重点・強化クラブを中心とした正課外活動支援を目的に「スポーツ・文化活動強化センター」を学生部内に設置（2014年2月）。「課外活動は，正課授業とあいまって大学教育の重要な一環である」という課外活動基本理念を踏まえ，「強化センターは，課外活動におけるスポーツおよび文化活動の戦略的強化を図るとともに，課外活動を通じた学生の人間的成長に寄与すること」の目的を達成すべく，年度毎のスポーツ・文化活動強化センター方針をスポーツ・文化活動強化委員会において策定している。

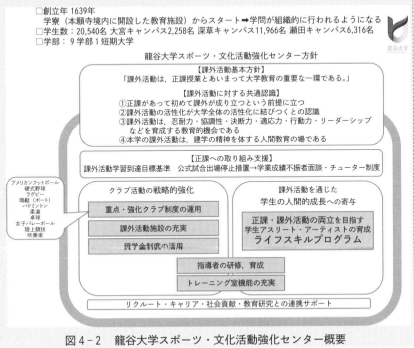

図4-2　龍谷大学スポーツ・文化活動強化センター概要

なお，本学は重点クラブに学術文化局所属の吹奏楽部が指定されていることも大きな特徴であり，応援リーダー部やバトン・チア SPIRITS とともに欠かせない存在となっている。

■龍谷大学ライフスキルプログラム

　本学の「ライフスキルプログラム」は2013年度からスタートした。その契機となったのは，Chapter 1-03に記述した関西五私大スポーツ政策検討会(2012年1月〜7月)への教職員の出席である。そこで話題となった「ライフスキルプログラム」に注目し，高度なレベルを目指してスポーツや文化・芸術活動を実践することは，技術や体力を磨くことに加え，他者を尊敬する精神・リーダーシップ・協調性・自律性・忍耐力など人間の基盤となるライフスキル修得においても極めて大きな意義があると位置づけた。本センターでは，高いレベルを目指した課外活動への積極的な取り組みと授業や実習などの正課活動との両立をバックアップすることで，スポーツ，文化・芸術面だけでなく，さまざまな分野で活躍できる能力を備えたトップアスリート，トップアーティストの育成を目指している。また，2017年度より龍谷大学付属平安高等学校においても，「高校生課外活動ライフスキルプログラム」を本センターが実施するなど，新たな取り組みを始めている。

【龍谷大学ライフスキルプログラムの主なテーマ】

日程	テーマ
4月	龍谷大学(TEAM RYUKOKU)とライフスキルプログラムの魅力(事前調査) スポーツに不可欠なコミュニケーション力
5月	スポーツマンシップとフェアプレーI〜自分をどのように方向づけるか〜
6月	アスリートの目標設定とメディカルケア
7月	食事もトレーニング！：栄養と運動について考える(栄養調査)
9月	龍谷大学学生アスリートとしての心得・龍谷大学の歴史について学ぶ 栄養調査フィードバック
10月	スポーツマンシップとフェアプレーII(TEAM RYUKOKUの一員として)
11月	リーダーシップとフォロワーシップ
12月	チームビルディングとキャリア(TEAM RYUKOKU〜指導者，キャリアから学ぶ〜)
2月	ライフスキルプログラムとTEAM RYUKOKUの総括(事後調査)

【ライフスキルプログラムの5つの柱】
・他者を尊敬する精神
・リーダーシップ
・協調性
・自律性
・忍耐力

【ライフスキルプログラムの参加要件】
・重点・強化クラブ1年生（約160名）
・参加義務づけ，単位無
・毎月最終月曜日6限目
・出席率は約9割

表4-2　2017年度龍谷大学ライフスキルプログラム

(松永　敬子)

Column 5 関西学院大学／学生アスリートのキャリア支援事例

　本コラムでは学生アスリートのキャリア支援の事例として関西学院大学（以下，関学大）の事例を紹介する。

　関学大には，キャリア教育の充実発展および就職支援諸施策の推進を目的に，キャリアセンターが設置されている。しかしながら，2017年現在，学生アスリートを対象としたキャリア支援は実施していない。学生に対するサービスの公平性の担保がその理由である。

　そこで，関学大では，体育会学生本部（体育会の代表者によって運営される総括・執行機関）が中心となり，学生アスリートを対象とした就職セミナーや企業説明会等を実施している。これらの活動は全て，企業側からの要望により実現している。企業は，体育会学生の就職支援業務を担う企業から個社まで様々で，個社の担当者の多くは関学大の OB・OG である。この要望を学生本部の渉外担当が受け，毎週開催されている主務会議に担当者を招き，その場で就職セミナー，企業説明会等の告知を行う。その後，各部の主務が部員へ情報周知を行うという流れで進み，就職活動が本格化する3月から5月上旬頃まで，このような取り組みが毎週行われている。参加者数は一活動あたり最大30名ほどであるが，就職活動対象年次学生はもちろん，活動を一年後に控えた学生も参加している。これらの学生にとっては，早い段階で自身の競技終了後のキャリアについて考えるきっかけとなっている。

　次に，各体育会団体が独自に実施しているキャリア支援として，A部が実施している事例を紹介したい。

　A部では，毎年12月もしくは1月から3月上旬にかけて，部員を対象にした業界説明会を実施している。これは，個社の説明や募集要項等の説明ではなく，業界全体を理解する目的で実施され，就職活動対象年次の部員のみならず，広く部員に参加を呼び掛けている（経団連の指針を遵守するために，個社の説明は認めず，あくまで業界の説明に終始することを徹底）。そして，企業の広報活動が開始される3月以降は，個社を大学に招き，企業説明会を実施している。両説明会ともに，全て企業から部に対する要望によって実現しており，担当者の中には，部の OB・OG が含まれる一方，部や大学とは関連のない人事担当

者も多い。窓口はコーチが務め，その後マネージャーに引継ぎ，練習，試合等の合間を縫って学内にて行っている。内容は，業界・企業に関する一般的な説明を中心に，職業観の醸成，働くことへの動機づけ等多岐にわたる。原則1日1業界（企業説明会であれば1社），1回1時間とし，これらの説明会に訪れる企業は，年間40社から50社にも及ぶ。そして，業界・企業への理解が進んだ後，自らの興味・関心に合わせ，学外で実施される通常の筆記・適正試験，面接選考へと進んでいく。現状は，多くの部員が学内説明会に訪れた企業に関心を寄せ，結果，就職活動対象年次部員の半数以上がこれら企業から内定を獲得し，入社していくという。

A部は，こうした活動を2010年から始めているが，最初からこの仕組みが確立されていたわけではない。活動開始当初は，担当コーチが各企業へ，業界・企業説明会の実施を打診し，受諾を得ることに多くの時間を費やしたという。現在では，部員の真摯な学びの態度・姿勢もあり，打診せずとも企業側から要望が来るほどになっている。また，本活動がきっかけで採用・入社を実現したOB・OGが「次は自分が後輩のためにやってやりたい」という気持ちを持ち，学内での説明会を買って出るという。こういった仕組みの下，部員たちは就職活動を勉学，部活動と共に両立している。

以上，関学大における学生アスリートのキャリア支援の事例を紹介した。今後学生アスリートの増加が予測される中，大学として何らかのキャリア支援が求められることとなるだろう。ただし，自らの適性，能力，希望にあったキャリアを歩むことができるかどうかは本人次第である。元学生アスリートであったOB・OGとの繋がりは一般的な間柄を遥かに超えるものがあり，より詳細に業界や企業について聞き出しやすいという強みはある。しかしながら，強い関係性があるとはいえ，それだけで採用が約束されるわけではなく，採用のハードルは誰もが同じである。そのため，選考次に，「自己アピール」と「志望動機」の連動性を示すことができるかどうか。学生アスリートは自らの長所，短所，スポーツから修得した技能等，自己分析や自己アピールには長けている。しかし，これらを志望企業や業界にどのように活かしていくのか，どのように貢献していくのか，この部分の語りが自己アピールに比べ，いささか弱いのではなかろうか。企業は内定辞退のリスクも考え，採用を決める。「他の業界，他の企業に比べ御社はこの部分が魅力的」，「その魅力に対し，自らの技能をこのように活かすことができる」等，ここまで踏み込むことができるかどうか。踏み込めなければ辞退リスクを予感させ，不採用となってしまう。

また，世の中の大きな流れもあり，グローバル人材を求める企業が増えている。グローバル人材とは何であろうか。外国語力の高い人材のことであろうか。決してそうではない。重要なのは，「異文化理解」ならびに「主体的な行動」である。海外勤務を命じられた際，外国語を話すことができるかどうかではなく，「ここでやってやる」という忍耐，主体性，異文化理解が重要なのである。ビジネス環境が不整備な地であっても，現地の文化を受け入れ，主体的に忍耐強く頑張れる人材，これこそが現代で求められるグローバル人材ではなかろうか。スポーツを通し，成長のプロセスを大学で描いてきた学生アスリートは，そのような素養に溢れていると確信している。今後増々期待したい。

（林　直也）

Chapter 5

学生スポーツの指導者

01 学生スポーツの指導者とは

　スポーツ指導者として，まず一番に思いつく言葉が「コーチ」であり，また実際に指導することを「コーチング」と言う。24年間，米国の大学でスポーツ指導者として経験を積んできた筆者にとって，日本と米国のスポーツ指導者にはところどころ異なる視点がある。文化の違いはもちろんであり，雇用体系もそれぞれの国によって違うのだが，学生アスリートを指導するという観点では何の違いもなく，学生スポーツの指導者としてどのようにあるべきかと考える時は，まったく同じ土俵にあると考える。学生アスリートを，「学生」「アスリート」と分けて考えた時，「学生」に対して「ティーチング」を，「アスリート」に対して「コーチング」と指導法を考える。コーチングにはティーチングとは別の必要性と重要性を持ち備えている。コーチングとティーチングの違いについては2の「指導者の哲学」で触れている。この節では，学生スポーツの指導者に関して，指導者の哲学，学生スポーツの指導者の影響力と役割，コーチングによって導き出す学生アスリートの能力，学生スポーツの指導者の性質について論じていく。

1 学生スポーツの指導者とは

　指導者と学生アスリートの関係性を上下関係という観点からでなく，指導者

と学生アスリートとのお互いの意見を尊重し、学生アスリートの中にある答えを引き出させる指導、また自発的なコミュニケーションを促し、自立した行動と判断ができるように指導することが求められる。学生アスリートへの指導者の必要性を問うには、英国のコーチング論の一つに、"enables the athlete to achieve levels of performance to a degree that may not have been possible if left to his/her own endeavors."（アスリートのパフォーマンスを満足する値に向上することは、アスリートだけでの努力では不可能である）と記されている。学生アスリート自身の中にある力、答え、パフォーマンスを引き出し導き出すことが学生アスリートのモチベーション向上にもつながり、学生スポーツ指導者としての最も重要な役割である。

2 指導者の哲学

学生スポーツ指導者においてコーチングとティーチングの違いを理解することが、学生アスリートの指導者としてまず問われることになる。ここでのティーチングとは、指導者と学生アスリートのコミュニケーションにおいて、指導者から一方的になりがちで、その結果、学生アスリートは次第に受け身（指示待ち）になり、模範解答を求めるようになることを指す。つまり、学生アスリートが指導者とその指導者から学んだことに依存するようになる。それゆえに基礎知識や技術を学ぶ時にはティーチングは効果的とされるが、指導者が持っている知識を一方的に教え、伝えることになることで、自分（その指導者）以上の人材を育てることは容易ではない。それに対してコーチングは、コーチ（指導者）とのコミュニケーションを密にとることにより、学生アスリートは「何かに挑戦したい」、「結果を出したい」という気持ちを持ち、モチベーション向上や挑戦する価値観に気づき、広い視点で物事を捉えられるようになる。その結果、自分の潜在能力や可能性を信じることができ、自らチャレンジするように成長できる。指導者は常に学生アスリートファーストで考え、目の前の目標だけでなく、その先のゴールや目的に向かって導いていかなければならない。

ティーチングが答えを相手に「教える」ことに対し，コーチングは相手の中にある答えを「引き出す」ことを理解した上で，これらをその状況によって使い分けることが学生アスリートの成功に繋がる。

3　学生スポーツの指導者の影響力と役割

「将来，私のコーチのような指導者になりたい」，「コーチがいたから今の私がいる」などのコメントを学生アスリートからよく聞く。学生スポーツの指導者は，親や教員等と同様またはそれ以上に，学生アスリートにスポーツだけではなく，人生観においても大きな影響を与える。指導者として，個々の学生アスリートに何が必要か，またスポーツ技術向上だけでなく学業と学生生活のバランスを保てるように，はっきりと自分自身の位置や環境を見つめることができるよう手助けをする。米国大学のスポーツチームでは，学生アスリートが州外だけでなく国外からも多数集まることが普通であり，チームを構築する際に，"Building a family" として，チームメンバーを家族のようにもてなす。そうすることにより，指導者は学業成績のみならず，学生アスリートの生活習慣，体調管理からタイムマネジメントなどの指導にも徹する。特に米国大学では毎週のようにスポーツの指導者が全体ミーティングを開き，いかにして学生アスリートの学生生活向上や学業との両立が促進できるかを話し合う機会を作っている。

また各スポーツにおいても，全米や他国の指導者を招いて，指導者育成，新しい技術，コーチングを共有することで，個々のコーチングや指導法の向上を図っている。しかし，米国のスポーツ指導者からは，日本人のスポーツ指導者は内向的で，情報交換やそれにおけるコミュニケーションが乏しいと感じられている。日本におけるスポーツ指導者が，現役アスリート時代に経験してきた指導方法や技術を，そのまま自らの指導法に応用する事例が多く見られる。それもまたその指導者が経験してきた指導者の影響力とも言えるが，大切なのは指導者が常にその競技スポーツにおける新しいトレーニング方法や技術を発掘

し，また理解し，学生アスリートの技術向上に新しい情報を提供していくことが必要である。スポーツ指導者は，常に自身のコーチングの向上を促進することにより，学生アスリートの技術の向上や，視野を広げること，その将来や成功に繋がるものを提供でき，それらが学生アスリートの人生の中で大きな影響力になっていることを理解しなければならない。そこから生まれるコミュニケーションにより，学生アスリートからの問いかけを理解し，指導者としての意見，実行力，行動の変化（技術の向上など）を持ちかけ，学生アスリートがチーム構成と個々に対するコミットメントが継続できるようにする。

4 コーチングによって導き出す学生アスリートの能力

この節で述べてきた，スポーツ指導者と学生アスリートの関係性を図で表記したものが図5-1である。中央に記されている，「競技力」「直感」「活力」「聞き上手」「成長に対する興味」「自信」「関係」「コミュニケーション力」「集中力」「ケア」「感情」は双方の関係性を保つとともに学生アスリートの成長と競技力向上に必須な事項である。これらがバランスよく双方で保たれ，スポーツ

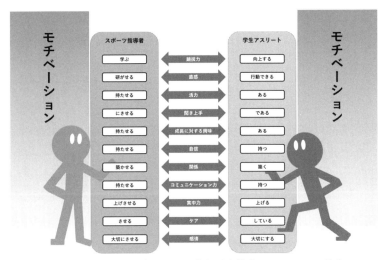

図5-1　コーチングによって導きだす学生アスリートの能力

指導者から学生アスリートに伝わると，お互いのモチベーションが向上される。スポーツ指導者のコーチングにより学生アスリートがそこから学ぶものが，学生アスリートの競技向上にとって必要不可欠であり，また学生アスリートの人生に多大な影響力を及ぼすことになる。

5 学生スポーツの指導者の性質

指導者にとって最も重要なことは，相手の心を掴み，感情をコントロールすることである。身体は心で動き，心は身体を動かすと，米国のスポーツ指導者は口を揃えて言う。米国のキャリア研究センターによると，学生スポーツの指導者として大切な性質，性格，特徴の例として以下の点を挙げている。

① Passion：情熱がなくてはならない
② Vast Knowledge of Sports：スポーツ全般への広い知識と学びを持つ
③ Honest and Professional：正直でかつ，プロフェッショナルに努める
④ Organized and well behaved：几帳面で正しい行動を心がける
⑤ Effective Communication：効果的なコミュニケーション（会話と文書）をとる
⑥ Talk persuasively：説得力のある話し方（勧誘の際）ができる
⑦ Work Ethics：行動規範（時間に対して正確であり，シーズンを通して，時間の管理が大事）
⑧ Evaluate Talent：才能に対する評価力，長所や短所を見抜ける力を持つ
⑨ Dedication and Determination：奉仕力，決断力に優れている

上記のように，スポーツ指導者における最も大事な性質は，情熱的であること。そして，スポーツ全般への広く繊細な知識が求められる。スポーツ指導者になる人材は，元プロスポーツ選手やそのスポーツで国際レベルにおいて活躍した選手もいるが，実際のところ，プロスポーツの指導者を含め多くのスポー

ツ指導者は，これまでに世界で活躍したスポーツ経験者ではなく，そのスポーツをくまなく愛し，情熱を持って学ぶことにより，一流のスポーツ指導者として成り立っている。米国NCAAの大学スポーツ指導者はプロのコーチとして大学に雇用され，その地位は大学の教授や准教授と同等に，また時にはそれ以上に扱われる。学生アスリートと毎日接することは，常に学生アスリートのロールモデルとなり，正直でかつプロフェッショナルな考え方が必要となり，学生アスリートやチーム内の他の指導者のために模範的な行動をとることが求められる。先に述べたように，コーチングのコンセプトや，影響力の認知，また技術力や競技力，モチベーションをあげるための効果的なコミュニケーション能力を持つこと，そしてそれらを常に向上していくことは，学生スポーツの指導者としてとても大切な性質の一つである。

また，試合，練習，学習時間など，年間を通してタイムマネジメントを効果的に応用し，管理する行動規範が必要となる。常に公平に学生アスリートの才能や能力に対する評価をし，短所を見抜いて長所を生かしていくように注意深く学生アスリートを観察し，それを指導に応用する奉仕力と決断力が求められる。

（幸野 邦男）

02 「人財」を育てる指導・コーチングプログラム

1 アンバランスがおこすバーンアウト・シンドローム（燃え尽き症候群）

スポーツ選手の年齢に限らず，大切なことは「心・技・体」をバランスよく磨くということである。近年，高校生アスリートが大学進学とともに今までしてきたスポーツから引退するということをよく耳にする。最も多く挙げられる理由の一つが，「バーンアウト・シンドローム」ではないだろうか。中高生アスリートが直面する「バーンアウト」は，若い学生アスリートから将来の可能性とチャンスを奪うことになる。その主な原因は，「スポーツ環境下で長時間

にわたりストレスを受ける」ことや「指導者やチームメイトとの人間関係トラブル」などである。この「バーンアウト」は高等教育機関のスポーツ現場でも見られるが，問題は中高生アスリートが大学進学前に「バーンアウト」を経験し，結果としてスポーツから離れてしまうような指導を受けることではないだろうか。中高生スポーツ指導者は，そのアスリートの競技成績を伸ばしつつ，大学スポーツという次のステージにある彼らの可能性を教え，夢を持たせ，そのためのモチベーションを持続させる指導が必要となる。

　高等教育機関である大学のスポーツ指導者は，高等学校におけるスポーツ指導者とは大きく異なる。特に学生アスリートの身体的成長（成人の身体に成長する）により，トレーニング方法やメンタルコーチング・サポートは指導者として理解しておかなければならない必須事項である。大学生になり，学生アスリートとして活動していく中で，冒頭にも述べたように「心・技・体」をバランスよく磨き，競技成績を伸ばすとともに，学業や生活面でのバランスも考えなければならない。そのような指導・プログラムをスポーツ指導者が学生アスリートに提供することが高等教育機関では最も重要になる。

　高等教育に入り，スポーツ指導者を含む大学教員は，「人材育成」を目的とし，達成することを指導とコーチングのプログラムに備えなければならない。

　プロフェッショナルや社会人チームの指導者は，学生ではなくそのほとんどが「成人」アスリートの指導にあたっている。学生スポーツとの大きな違いはプロフェッショナルチームとアマチュアチームの違いということだ。ほとんどのプロフェッショナルチームや社会人チームはその競技を最優先としており，競技が本職として成り立っている。しかし，大学生アスリートは違う。学生アスリートはあくまでも学業を本業とした「学生」アスリートである。この双方に関わるスポーツ指導者は，この2つの立場上の違いと何がプライオリティーであるかを理解していなければならない。

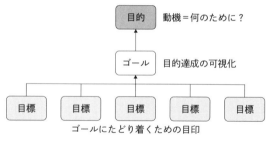

図 5-2　目標，ゴール，目的チャート

2 「目的」・「ゴール」・「目標」

　図 5-2 は「目的」「ゴール」「目標」をチャートに表したものである。大学スポーツ指導者をこれに当てはめてみると，学生アスリート指導における「人材育成」を目的とし，ゴールとは「学業」「競技」「学生生活」における成功である。例を挙げると，大学卒業，高い学業成績，試合での勝利，自己最高記録，友達やチームメイト・指導者との良好な人間関係がそれに当てはまるのではないだろうか。そこにたどり着くための目標を指導・コーチングの中に含めるのが，大学スポーツ指導者の責任である。それらの目標を下記に示す。

① リーダーシップが育つ環境を作る
② フォロワーシップ力を育成する
③ コミュニケーションスキルを教育する
④ チームワーク・集団行動の大切さを提供する
⑤ 学業に集中，また学業支援ができる環境を与える
⑥ 常に新しい技術やコーチング法・トレーニング方法を学ぶ
⑦ 「目的」「ゴール」「目標」の意味と構成をしっかりと理解させる

3　コミュニケーションスキルからうまれるリーダーシップ

　一般的にリーダーシップとは，「集団的努力を喚起して集団の目的を効果的に達成していくために集団成員に対して行使する影響力」（経営学辞典）と定義

されている。簡単にいうと，チームが掲げたゴールに向けてチームメイトを導く力である。したがって，チーム内のメンバーがリーダーシップを発揮できるかどうかは，そのチームのビジョンに共感できるかどうか，また指導者に共感できるかどうかが重要となる。リーダーシップが育たないチームは，学生アスリートがチームのスポーツ指導者，もしくはそのチームのビジョンに共感できていないことを示唆している。

　チームを一つの組織とした時に，そこには必ずリーダーとフォロワーが存在する。リーダーを支える部下の力をフォロワーシップと呼び，トップダウンだけの組織構成では，大学スポーツにおける成功をチームとしておさめることはできない。さらに，フォロワー側のチームメイトから，リーダーにまたは指導者に積極的に働きかけることによって，チームをより良いものにしていくことがフォロワーに期待されている。このフォロワーシップのあり方は，いずれチームのリーダーとなり，リーダーシップを発揮するための予行演習とも言える。

　コミュニケーションスキルとチームワークについては次の例を参考にしてほしい。米国のデイビッド・マーシュコーチは，元オーバン大学水泳部のヘッドコーチであり，彼が指導した学生アスリートは学業・競技ともに成功を納め，数多くの彼の学生アスリートはオリンピックや国際大会で活躍した。またリオオリンピックで，米国水泳チームのコーチングスタッフも務めたデイビッドコーチは，次のように話す。"The magic happens when they all get along, and they also want to hear from people they trust. With the men, they often want to hear from just anybody who will jack them up a little bit. With the women, if they don't trust you, you can't motivate them". (チームが一つにまとまった時に奇跡は起きる。そしてアスリートは絶対的に信頼できる人達からの指導を求めている。男子選手については，モチベーションを上げてくれる人からの指導を受けたいと思っている。女子選手については，指導者がアスリートを信用していないと，その指導者はアスリートのモチベーションを上げることは不可能である)。学生アスリートに必要なコ

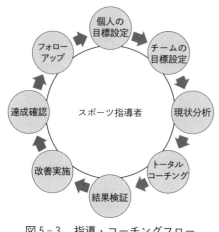

図 5-3　指導・コーチングフロー

ミュニケーションと信頼，それがモチベーションを高めるための最良の手段であり，それらがチームワークを築くことに成功し，競技の結果に繋がることを語っている。

　チームを構成するには，そこにいる学生アスリート一人ひとりを分析しなければならない。個々の長所と短所を見抜き，それを明確かつ効率よく指導に含めることは，学生アスリートの競技向上かつ人材育成への道のりになる。スポーツ指導者が学生アスリートを分析することにより，その学生アスリート自身も明確な目標とゴールを設定できるようになる。同じスポーツで，チームメイト全員が全く同じ目的やゴールを持つことは，皆無に等しい。スポーツ指導者が学生アスリート各々の目的とゴールを理解することは，指導者としての責任とも言える。学生アスリートの「心・技・体」の能力を引き出すトータルコーチングは，学生アスリートとのコミュニケーションが必須となり，それらの結果検証や分析，改善方法を模索しながら成功からの次のゴールを設ける。図 5-3 は指導・コーチングの流れを表したものである。図 5-3 のように，指導者は常に学生アスリートがどのカテゴリーであっても，そこでのコミュニケーションで繋がっていなければならない。例えば一つのチームに 30 人の学生アスリートが在籍すれば，30 人分のこの図 5-3 のサークルが必要とされる。そしてこの循環は競技だけでなく，学生アスリート各々の「目的」，「ゴール」，「目標」に当てはまる。

　高等教育機関における「人材」を育てる指導・プログラムは，競技成績はもちろんのことだが，それだけに注目して指導するのではなく，大学を卒業した後に学生アスリートがどのように社会で成功していくか，という人間形成をサ

ポートするものである。米国大学体育協会（NCAA）はミッションステートメントとして次のように語る。"Prioritizing academics, well-being and fairness so college athletes can succeed on the field, in the classroom and for life"（大切なものは学業，健康，平等性と順序立てることで，学生アスリートが競技でも学業でも生活でも成功することができる）。そこにはスポーツを第一とせずに，学生アスリートの重要なものが大前提として置かれている。それらのバランスが保てることが，学生アスリートの競技を含め，「学生」「アスリート」としての成功に導くものになるのである。スポーツ指導者の競技における技術的な技量は，まずコミュニケーション能力やリーダーシップ力，フォロワーシップ力を生かして，チームワークづくりに貢献できる学生アスリートの人材育成ができてからいかせるものではないだろうか。スポーツ指導者の競技における技術的な技量については，Chapter 5-04で詳しく述べているので参考にしてほしい。

（幸野　邦男）

03 教育機関の指導者に求められる共通スキル

　大学スポーツ（学生スポーツ）には様々な立場の指導者が存在している。教員・職員との兼任や委託・契約によるプロ指導者（契約の形態は各大学による），また，職責や費用の枠組みとは全く異なる，結果責任のあるボランティア指導者や結果責任のないボランティア指導者等である。さらに，任命（雇用）権者に関しては，大学法人や大学単体，OB・OG会，学友会，学生保護者による支援組織，スポンサー企業等が確認され，これらを組み合わせると，複雑多岐な職域・職責・雇用形態であることが浮かび上がる。まさに大学スポーツの指導者の立場はカオスと言っても過言ではない。すなわち，これらの形態が混在する立場であるということは，最も重要な「指導の目的」も指導者の立場によって様々（バラバラ）であるということである。そのため，「大学スポー

ツの指導者に求められる共通スキル」とは,「大学スポーツの指導者とはなにか」を問われている。然るにその解は,「高等教育」という本質論に基づいた学生指導と同一次元となるものでなければならない。

1 高等教育機関に求められる指導者に関わる問題

　2017年度中を目指した日本版 NCAA 創設の議論において，2017年3月，文部科学省により「大学スポーツの振興に関する検討会議　最終とりまとめ〜大学のスポーツの価値の創造に向けて〜」が発表された。本書でも繰り返し出てくると思われるが,「〈1〉その基本的な考え方（方針）」では「大学スポーツ振興の意義」や「大学スポーツ資源の潜在力を発揮するための方向性」が,「〈2〉個別テーマの目標・達成に向けた取組」についてでは7つのポイントが掲げられている。これらの全てに共通するのは,「高等教育機関のスポーツの指導者（運動部活動指導者，以下，大学指導者）」に関する事項が見られないことである。唯一見られるのは「〈3〉大学横断的かつ競技横断的統括組織（日本版 NCAA）のあり方」,「1．現状・課題」の5番目に記されている「運動部活動を支える監督やコーチ，スタッフ等の待遇がぜい弱になっており，こうした人材の不足が課題となっている場合がある」という部分のみである。これらに明記されなかった理由として5つの問題が挙げられる。

① 運動部は課外活動として位置づけられているため，高等教育機関が直接的に指導者の管理に関わるか否かという制度，組織に関わる問題。
② 運動部は課外活動として位置づけられているため，高等教育機関が直接的に指導者を雇用する否かという組織，資金に関わる問題（OB・OG 組織による雇用・資金援助含む）。
③ 国内外の各競技統括組織により発給されるライセンス（指導者資格）と高等教育機関の目的との整合性ならびにその認証と学位格付けの問題。
④ 直接的では無く間接的な議論となっている，現場で直接学生の教育・指

導を行う「大学指導者」の教育・指導領域に関わる問題。
⑤ 直接的では無く間接的な議論として，現場で直接学生の教育・指導を行う「大学指導者」の存在確立を担う教育・養成機関に関わる問題。

これらは現状の「大学指導者」に関わる問題であるが，同時に具体的な解決策を提示していると解釈することができる。

2 高等教育機関に求められる指導者

「大学スポーツの振興に関する検討会議最終とりまとめ」に記されている7つの「個別テーマの目標・達成に向けた取組について」を概観すると，1．大学とトップ層の理解の醸成，2．スポーツマネジメント人材・育成部局の設置，3．大学スポーツ振興の資金調達力の向上，4．スポーツ教育・研究の充実や小学校・中学校・高等学校等への学生派遣，5．学生アスリートのデュアルキャリア支援，6．スポーツボランティアの育成，7．大学スポーツ資源を活用した地域貢献・地域活性化である。大学スポーツの振興に関しては，これら全てが現場で直接学生と関わり教育・指導を担う「大学指導者」に求められているのである。これらに含まれた「大学指導者」に必要な能力（スキル）を挙げたい。

1．大学の教育，経営，組織を全般的に理解し，大学スポーツの振興のために大学トップ層がスポーツの価値についての認識を深めるように促すコミュニケーション能力。
2．大学の仕組み（法制度，学則，3つのポリシー，学事・学事日程），スポーツ施設の運営方法を把握し，大学スポーツに関わる部局等や学内外との調整を行い，大学スポーツを円滑に推進していくマネジメント能力。
3．大学スポーツ振興のために運営費の自力調達が行えるように，大学スポーツ施設の有効活用への積極的な施策の提示や，運動部活動に関わる

管理体制の遵守，運動部活動に関わる会計等の透明性を推進する能力。
 4．スポーツ科学研究の促進と成果への協力や，小学校・中学校・高等学校等への連携，これらの学校等でのプログラム開発や指導体制の支援が行える学生を育成する能力。
 5．学生アスリートの人間形成や学業を修めるための配慮や，キャリア形成支援のためのインテリジェンス能力。
 6．スポーツボランティアへの理解を示し，そのためのリーダーシップの涵養，活動機会の拡充を行うオープンなマインド。
 7．大学スポーツ施設の地域開放などによる地域活性化や社会貢献，総合型地域スポーツクラブとの連携，スポーツツーリズムによる地方創成を現場にて担える能力。

　「大学指導者」に関わる能力は多岐で広範囲である。これらの能力は，既存の大学教員やボランティア指導者の範疇を超えている現実も理解しなければならない。しかしながら，多くの献身的な教員・職員やスポーツ指導者によって，現在までの大学スポーツが支えられてきた史実にも目を向ける必要があろう。
　特に，一般的に理解されている「指導力＝指導のスキル」に関しては，Ｊリーグの創設，プロ野球経験者のアマチュア資格回復等を含めて，プロ経験者，もしくはプロコーチ（指導者，役職としての監督含む）が全国の多くの大学にて大学スポーツの振興に寄与している。これらの指導者は体系化された，国際的，もしくは国内競技統括組織での長年にわたる研修や資格修得試験を経て，指導スキルや指導者資格を得ている。他の国では，これらの指導者資格は Ph.D. の基礎条件であったり，学位相当として広く学術分野でも認知されている。むしろわが国における立場や位置づけは別の大きな課題として存在する。
　そのため，「大学指導者」に求められる「指導者としてのスキル」は，これらの指導者に関わる専門性（プロフェッショナリズム）を問うのではなく，今回の議論となっている「大学スポーツ振興」に関する範囲を網羅するものが好

ましいと思われる。しかしながら，一部のスポーツ競技の指導者資格では，「大学スポーツ振興」に関わる範囲も全て網羅された資格付与となっていることも留意しなければならない。

3 大学指導者に求められる共通スキル

まず，「大学指導者」は高等教育機関における学生アスリートを対象とする指導者であることを充分理解せねばならない。プロ選手やアスリートではなく，学生アスリートである。そのため，高等教育の「教育目的」を熟知するスキルが必要不可欠である。また，教育機関は，収益や数値結果，成績を求められる一般社会や一般企業，プロとは異なり，育みを基盤とした「教育」という視点を第一義とする特殊性を持つ。これは大学が教育機関であるが故の自明である。すなわち，これらの大学の「仕組み（法制度，学則，3つのポリシー，学事と学事日程）」を把握しながら指導を計画し，実践するスキルが必要不可欠となる。以下はこれらをまとめた「大学指導者」に求められる共通スキルである。

① 高等教育を理解するスキル（教育目的と高等教育を担う責務）
② 高等教育機関を理解するスキル
　（法制度，学則，3つのポリシー，学事と学事日程）
③ 高等教育機関の社会的意義を理解し実践するスキル
　（社会貢献，地域創成，学術貢献，初等・中等教育との連携）
④ 高等教育機関におけるマネジメント能力
　（学生，授業，トレーニング，試合，学連）
⑤ 高等教育機関所属の学生に対するコミュニケーション能力
　（日常言語・指導言語）
⑥ 高等教育機関所属の学生に対するコーチング能力
　（育成と世界レベルの指導）

以上,「大学指導者」に関わるスキルを述べてきたが,重要なのは,これらの根底には高等教育機関の一員であり,学生アスリートの教育に携わる責務を担っているという自覚である。しかしながら,「大学指導者」の「指導者」の部分は国際的競技統括組織や国内競技団体,日本体育協会等の指導者資格に依拠し,「高等教育機関」の部分の講習修了者に限って指導を許可するなどの案が考えられよう。また,「大学指導者」の「高等教育機関」に特化したプログラムを持つ,専門職大学院などの創設も今後は考慮されることにより,「大学指導者」の存在と価値を向上させることが,「大学スポーツ振興」の大きな柱になると思われる。

(上田　滋夢)

04 現状の学生スポーツの指導者の課題

　Chapter 5では,学生スポーツ指導者について様々な視点で論じてきたが,現状の日本での学生スポーツ指導者の課題は残念ながら数多く挙げられる。また指導者だけでなく,学生アスリート支援プログラムや,学生アスリートに関わる機関や機能の構築も大きな課題の一つである。現在文部科学省のスポーツ庁が日本版 NCAA 構築に力を入れ,これからの学生アスリートサポートに一矢を放ったことは,これからの学生スポーツ界にとって大きな前進となるのではないだろうか。それに伴い,今後の日本の大学スポーツ環境は,発展の余地が多大にあると言える。環境や文化の差もあるが,学生スポーツ指導者,学生スポーツ運営,エリートコーチング,学生アスリートのダブルキャリアなどに関して日本よりも先進的な取り組みをしている米国の事例を挙げて,この節では,筆者の経験をもとに,日本の現状と今後の課題を論じていく。

1 米国大学のスポーツ事例

　筆者は,24年間米国にて全米体育協会(NCAA)一部リーグの上位にラン

クインする大学（アリゾナ大学，アラバマ大学，ネバダ大学，ニューメキシコ大学）のアスレティックデパートメントに所属する水泳部にて日本人初となるヘッドコーチを歴任し，エリートコーチング，トレーニング，組織形成，チームの運営責任者として，学生アスリートの指導にあたった。ヘッドコーチとして，水泳の競技指導だけでなく学業においても，多側面からのプログラムに対する学業支援のサポート体制と協働し，学生アスリート管理に努めた。他の大学コーチやナショナルチームコーチなどとの意見交換やカンファレンスでの情報交換会で得たものから，効率的かつ質の高い練習を構築し，その新しい技術やトレーニングを指導に応用することで，水中，陸上，ウエイトトレーニングの効率的なプログラムデザインを考案し，実施した。学生アスリートに対して正確かつ公正で熱心な指導，コミュニケーションを図ることにより，競技能力と，学業成績の向上を目指した。学業を最も重要視する米国大学は，各スポーツで学業成績が毎学期ランキング化される。一部リーグ水泳部学業成績ランキングにおいて，ニューメキシコ大学は，全米4位の成績を数回獲得し表彰され，それが学生アスリートにとってスポーツだけでなく，学生としての大きな自信と達成感を得たことは記憶に新しい。学生スポーツ指導者にとって，競技成績を上げることは大切なことだが，それだけにとらわれず，「学生」としてのプライオリティーを重要視し，学業と人材育成のサポートに目を向けなければならないのではないだろうか。

　米国で長年スポーツ指導者として経験してきた中で，たくさんのすばらしい指導者に巡り会うことができ，彼らから直々に米国におけるコーチングメソッドを学んだ。米国人の偉大な指導者たちから学んだ中で最も心に残ることは，コミュニケーションの大切さであった。指導者として，学生アスリートの能力を100パーセント出し切らせるためのコミュニケーションの取り方，やる気がないときにモチベーションを向上させるコミュニケーションの取り方，試合だけでなく練習でも全力を出し切るための指導法が，効果的なコミュニケーション方法である。効果的なコミュニケーションをとることにより，一秒一秒の質

の高い練習時間を効率的に過ごすことができるとともに，競技時間だけでなく学業にも励むことができる時間を作ることができ，文武の両立を可能とする。

　1994年から2001年まで，アリゾナ州のツーソン市に位置する，アリゾナ大学水泳部にてアシスタントコーチとして勤めていた時のチームのヘッドコーチであったフランク・ブッシュ氏との出会いは，自分の人生の大きな軌跡となった。フランクコーチは，米国ナショナルチームのヘッドコーチ，全米水泳協会のナショナルチームディレクターも歴任し，米国でコーチオブザイヤーを何度も受賞している。彼の指導方法で誰もが認めることは，コミュニケーション力であった。学生アスリートのモチベーションを上げ，常に全力で挑戦させることに何よりも重点を置いており，個々でのミーティングやチームでのミーティングでは，彼の言葉にチーム全員の心が動かされた。そう，心が動くということは学生アスリートの身体が動くことに繋がり，学生アスリートのポテンシャルを最大限引き出すこととなる。一方，多くの日本の学生スポーツ指導者は，学生アスリートとのコミュニケーションの時間よりも，限られた時間をただひたすら練習メニューをこなす時間に課すことが見られる。練習の質，指導者との関係性よりも，練習量で自信をつけさせる昔ながらの根性論もまだ見られる傾向がある。練習量による自信の構築に関しては否定はしないが，諸刃の剣とも言われるように，思うような結果が出ない時には，コミュニケーション不足による信頼感の欠如から，今までの練習量の不満と指導者へ負の感情が生まれる傾向が多くみられる。

2　日本が目指す米国大学スポーツのあり方

　日本と米国を比較すると学生スポーツ指導者の環境の差，日本における立場の低さ，職業として確立されていないことを強く感じる。教員が教鞭をとりながら，部長として学生アスリートへの部活の指導し，また事務的作業もするという兼任が当たり前の環境にあるが，米国大学では，教員とスポーツ指導者，そして事務作業の役割が各々の職種として存在し，成り立つ状況である。また

日本における学生アスリートへの負担があまりにも大きいのも現状である。学生アスリートが練習や学業以外にチームの事務作業などを行い，本業である学業とスポーツ以外のことに縛られていることも課題の一つであると言える。学生連盟がそれである。競技をする学生が競技中に大会運営をもサポートし，競技に集中できないことは学生アスリートにとって致命的な環境ではないかと考える。日本版 NCAA が発足することで，学生が競技に集中し，全力で学業に励むことのできる環境が構築されることを心から願っている。

　米国の NCAA では，週の練習時間の制限や学業成績 GPA2.0 以上でなくては練習または試合に参加できないなどのルールが徹底しており，大学ごとのアスレティックデパートメントにいるコンプライアンスオフィサーがそのルール順守を取り仕切る。勧誘や奨学金についても同じだ。そこまでの徹底があるからこそ，スポーツ指導者が大学間全体で統一したルールの元，学生アスリートに平等に競技と学業に専念できる仕組みの中で指導ができるのではないだろうか。これらのルールは，常に学生アスリートファーストで構築され，また学校間の平等性も常に念頭に置かれながら毎年のように修正加筆されている。では，日本の場合はどうであろうか。大学によって学業成績における練習参加や試合出場のルール化や練習時間の制限はあるものの，大学間全体で統一したルールは存在しない。ルールが無いからこそ，現状として学生アスリートはスポーツ指導者に依存してしまうのではないだろうか。方向性の見えないところで，競技成績を重視している学生アスリートはその指導者に頼ることで，自分の方向性を見つけるようになる。多くのスポーツ指導者が競技成績に重点をおいている環境の中，学生アスリートの文武両道や生活面でのマネジメント，大学卒業後の道については，スポーツ指導者より学生アスリートが知る他の指導者からのサポートを得ているのが現状である。いくつかのルールを持つことにより，学生アスリートが学業にもスポーツにも，そして大学生活にも自らのタイムマネジメントスキルを用いて成長し，未来を見つめていく力を肥やすことが必要だと考える。

日本での指導者の立場を向上させる上で突破口となりうるのは，日本版NCAAの台頭だと強く思う。米国NCAAでは，学生アスリートへの様々な支援環境があり，例えば，2016年度の米国NCAA傘下の全1123大学アスレティックデパートメントの奨学金総額は2兆9000億円であり，4600万人の学生アスリートをサポートした。全米トップ230校でのアスレティックデパートメント予算総額は9500億円もの規模に上る（NCAA Finances USA TODAY参照）。それほどの予算規模をもっている米国大学スポーツ界では，学生でありながらオリンピアンになるスーパースターがたくさん生まれている。

　2016年リオオリンピックでは，205カ国から11万人のアスリートが参加する中，1053人ものNCAA所属の大学生アスリートが参加し，そのうち452人は米国人で，それ以外は留学生であった。米国NCAA学生アスリートのオリンピアンのうち，半数以上ものアスリートが，様々な国から米国大学に留学している学生という事実には驚く。その留学生オリンピアンアスリートの中には，中国や台湾，香港，シンガポールなどアジアからの留学生も大勢いるが，残念ながら日本人学生アスリートはゼロであった（NCAA Numbers of Olympians参照）。学生アスリート指導者として，人種や異色文化にとらわれず，個々の特色を最大限に生かすことも，学生アスリートとのコミュニケーション力が要求され，米国大学のスポーツ指導者はその力が優れていることが証明される。米国大学にある豊富な学生アスリートに対しての予算を活用して，奨学金を併用しながら勉強している留学生アスリート多く，また全ての学生アスリートが米国NCAAルールのもとに置かれ，学業を最優先してスポーツに打ち込んでいる。その学生アスリートは自らの卒業後の道を考え，将来を夢見ながら学業とスポーツに専念している。これらの多くの学生アスリートに一番近い場所から支援を行なっているのが，学生スポーツの指導者である。

③ 日本の大学スポーツの課題

　日本のスポーツ庁が米国NCAAを参考に日本版NCAAを構築し，日本の

大学と学生アスリートにとって利点となるルールを構築することができれば，日本の大学スポーツの環境は飛躍的に発展するのではないだろうか。また，大学スポーツがもっと繁栄することにより，高校生や中学生アスリートたちの夢や希望が膨らむ。米国の中高生アスリートは大学生アスリートをロールモデルとして目標化し，いつかその舞台に立てることを夢見ている。100年以上の歴史を持つ米国NCAAのコピーをすることは現在の日本にとって不可能であるが，これからの小・中・高・大学生アスリートの未来を考える上でも，学生アスリート指導者のプロフェッショナル化は急務な課題である。

(幸野 邦男)

Column 6　コーチングフィロソフィー

　米国において学生スポーツ，とりわけフットボールの指導者は"Nation Builder"国造りを担う役割を持っている。つまり，アスリートを育て，勝つことのみを目指す（Single Goal Coach）のではなく，アスリートの人生にも責任を持ち（Double Goal Coach），社会や国の発展にも大きく貢献する（Triple Goal Coach），つまり競技引退後は国を背負って立つ未来のリーダーを育てる，ということだ。毎年1月に開催される米国フットボールコーチ協会総会には，歴代大統領や連邦議会議員，国連大使経験者など国のトップレベルの要人が出席し，「フットボールコーチがこの米国を背負って立つ人材育成の責務を果たしている」と述べるなど，国のリーダーたちもフットボールコーチの責務の大きさを認識している。

　2009年4月，前年に全米制覇したフロリダ大学フットボールチームが，ホワイトハウスへ招待され，当時大統領だったオバマ大統領から，"all of this makes the Gainesville community that much stronger, and makes Florida that much stronger, it makes our country stronger."と，単に全米制覇しただけでなく，フィールドの内外においてフロリダ大学フットボールチームが取り組んだ全ての活動が，地域社会（地元ゲインズビル市）やフロリダ州，そして国を強くする，と彼らの功績をたたえた。

米国の学生スポーツは日本流にいうと文武両道はもちろんのこと，社会の一員として貢献していくということを重視している。フロリダ大学では年間400時間地域貢献することをチーム方針として掲げ活動した。オバマ大統領が称えたのは，スポーツで全米制覇，チームの多くがGPA3.0以上達成し，なおかつ地域のために労を惜しまない，それらがこの国をよりよく豊かにする原動力となる，ということを指しているのである。

　ノートルダム大学を率い全米制覇した名将ルー・ホルツは，若い指導者たちにこう問いかけた，「コーチの仕事は若者を人生の成功へと導くことだ。もしあなたがそのことを第一に考え，この国で最も優れたコーチと思えないなら，この仕事をする必要はない。なぜならあなたは国の損失（血税を無駄にする）を招くからだ。もしあなたがそのことを意識しコーチをするなら，この国にとって大切な役割を果たせると，胸を張って引き受けなさい」。まさにNation Builderである。

　しかし，いいことばかりではない。私が以前インターンコーチで参加したフロリダ大学では，2008年に全米制覇したチームに逮捕歴があるフットボール選手が8名いた。私が在籍したワシントン大学フットボールチームでは，2001年ローズボウル制覇したメンバーに，逮捕歴がある学生アスリートは24名いた。日本なら間違いなくチームは廃部，選手は退学，という声が高まるだろう。しかし，彼らの多くは一定の謹慎期間はあっても，退部することもなければ退学することもなかった。チームも謹慎などなく，いつも通り活動をした。1998年7月，当時ワシントン大学フットボールチームのヘッドコーチだったジム・ランブライトは，カリフォルニア州の裁判所にある嘆願書を提出した。その年に入学予定だった高校フットボール選手の裁判で，寛大な処置を願い出るものだった。嘆願書には「ワシントン大学フットボールチームがこの若者の更生を約束する」といった内容が書かれていた。当時のスタッフによれば，「大学でスポーツをする若者の中には，ここにいなければ町でストリートギャングになっているかもしれない者も少なくない。我々の役割は彼らを社会に必要とされる人材として育て，送り出すことにある」と話していた。ジョージア工科大学学長のバド・ピーターソンはいう，「過ちを犯した若者にセカンドチャンス（更生の機会）を与えることは重要だ。時にはサードチャンス，フォースチャンスを与えることも必要である」と，学生アスリートが過ちを犯しても，大学

やチームがトカゲのしっぽ切りをしてはいけない、と言及している。

　2003年にルイジアナ州立大学で全米制覇、その実績を買われ2007年よりアラバマ大学を率いるニック・セイバンは、2009年から2017年まで5度全米制覇した。しかし彼に支払われる年俸1112万5000ドル（2017年シーズン）の価値は、単にチームを勝利に導くだけでなく、毎年のようにチーム内で出る逮捕者を更生させ、社会に必要とされる人材に育てることでも知られている。年俸1000万ドルの価値は単にチームを強くすることだけにあるのではないのだ。

　スポーツは社会の一部である。社会で起こる出来事は等しくスポーツの世界でも起こる。重要なことは起こった後、それが過ちであれば更生させ、正しい道へ導きなおすことである。スポーツという小さな世界に閉じこもっていては、実社会の動きに対応できない。PCでいえば、セキュリティソフトもつけずにインターネットにつなぐようなものだ。ハイスペックなPCでも、脆弱な部分があると悪意のあるウィルスに支配される。アフリカのサバンナに、何の武器も持たず立てば、猛獣の餌食となるだろう。

　日本でも学生アスリートの不祥事は後を絶たない。また指導者の体罰など、人権を貶める行為もなかなか改善されない。重要なことはスポーツという狭い世界に捉われず、広い視野を持って指導すること、その土台となる指導者哲学を確立することが重要となる。哲学のない指導は"仏作って魂入れず"である。

（吉田　良治）

Chapter 6

大学スポーツ振興のための資金調達

01 大学スポーツの資源とは

1 大学スポーツの経営資源

　一般に，経営資源は「ヒト」「モノ」「カネ」「情報」と言われており，大学スポーツ振興を図る上での経営資源も同様に考えることができる。大学スポーツ経営資源の「ヒト」は，学生アスリート，監督，コーチ，スタッフ，職員，研究者などの学内資源と共に，学生アスリートの家族，卒業生，協力者，スポンサー企業担当者，競技団体担当者などの学外資源も含まれる。そして，特に学内の人的資源ではその存在と共に彼らの能力と経験が重要である。「モノ」は，スポーツ施設，研究施設，スポーツ用具，立地など物質的な資産だけでなく，それらに関連する仕組みやサービスも含む。最も重要なのは運動クラブとその統括組織である。大学スポーツの活躍が大学経営やその目標達成に影響することは明らかであり，その意味からもこれらは大学スポーツ資源の中心と言える。「カネ」は，運動クラブ単位では大学からの援助金の他に，部費や寄附金などがある。大学スポーツ全体としては北米NCAA加盟大学のようにTV放映権やスポンサーシップ権利の販売による資金確保も考えられるが，日本ではまだまだチャレンジの段階である。「情報」は運動クラブや選手の情報，大会スケジュール，試合結果，施設利用スケジュールなどである。これらの情報は一括管理することで大学スポーツ振興と資金調達につながる可能性が高ま

る。

　大学スポーツには，上記の代表的な4つの経営資源の他にも創造すべき重要な資源がある。まず，「知識と技術」である。例えば，監督・コーチによって長年培ってきた指導方法や知識，指導技術は，運動クラブを強化し学生アスリートを成長させる重要な資源である。また，スポーツ科学サポートやクラブマネジメントの知識と方法も，それが上質であるほど大学とスポーツ界に還元できる貴重な資源となる。

　次に，「試合」である。一般に大学スポーツの「大会と試合」はその種目競技団体によって管理・運営されているため，どちらかというとその団体の経営資源である。つまり，運動クラブは大学の経営資産であるにもかかわらず，その運動クラブの「試合」は大学経営のための資産として有効活用できていないのが現状である。大学スポーツの価値を作り，伝え，高める資源としての「試合」を大学が創造していくことは，「する」「みる」「ささえる」による大学ブランディング力の向上にとっても重要な取り組みである。

2 大学スポーツのマーケティング

　これらの経営資源を活かして大学スポーツ振興とその発展を進めるには，スポーツマーケティングが持つ二つの側面を理解する必要がある。ひとつは「スポーツのためのマーケティング（marketing for sport）」である。これは，上記に示した大学スポーツの経営資源をより質の高い資源に発展・充実させ，大学スポーツ自体の価値の創造と向上への取り組みである。経営資源の質が低ければ，どんなにそれを活用してもスポーツ振興やそのための資金調達，そして大学経営へ貢献することはできない。特に，大学スポーツ資産の根幹でもある学生アスリートと指導者，そして運動クラブの質向上と維持によって学内外のファンや支援者，協力者を獲得するマーケティング活動は不可欠である。

　もう一つは「スポーツを利用したマーケティング（marketing through sport）」である。これは，大学スポーツ資産を使ってスポーツとは異なる価値を対価と

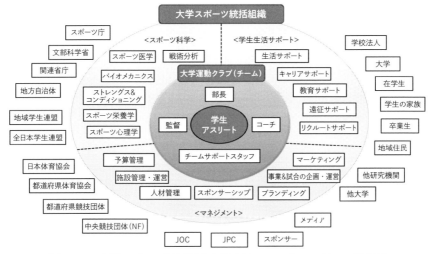

図6-1　大学スポーツ統括組織と学内外ステークホルダーの概念図
出典：Ferrand and McCarthy（2009）" p.288を参考に筆者が作成。

して獲得することを目指す取り組みである。例えば，運動クラブや学生アスリートを大学広報に登場させ，大学の認知度やイメージ向上そして受験生確保を図ることや，運動クラブやスポーツ統括組織のスポンサー企業を獲得することによって，資金調達や経費削減を図る取り組みである。さらに，大学スポーツで培った「知識と技術」を活用して補助金や助成金の獲得を目指すことも，スポーツを利用したマーケティングの重要な視点である。

　大学スポーツ振興の推進のためには有効かつ効果的なマーケティングが不可欠である。そのためには，誰に対して，どのような目標で，どの経営資源をどのように活用するかが重要となるが，ここでは，「誰に対して」について示しておきたい。図6-1は，大学スポーツ統括組織とその組織が関係を構築すべき学内外のステークホルダーを示している。学生アスリートを中心に大学運動クラブと大学スポーツ統括組織が，大学スポーツの経営資源の中心となっている。この中には経営や運営を支える多くのステークホルダーが存在し，大学スポーツ振興のための重要な経営資源を管理・運営している。そのステークホル

Chapter 6　大学スポーツ振興のための資金調達　　141

ダーに対してマーケティング戦略を展開して大学スポーツそのものの価値創造に努めることが重要である。さらに，JOC（日本オリンピック委員会）やJPC（日本パラリンピック委員会），競技団体や地方自治体，地域住民や卒業生，メディアやスポンサー企業などの学外のステークホルダーに対して積極的にアプローチをして，その獲得や関係構築を図ることが重要である。

参考文献
Ferrand, A. and MaCarthy, S.（2009）*Marketing the Sports Organization : Building networks and relationships*, Madison, NY : Routledge.

（藤本　淳也）

02　大学のブランディング

1　ブランドとブランディング

　アメリカ・マーケティング協会（AMA）は，ブランドを「個別の売り手もしくは売り手集団の商品やサービスを識別させ，競合他社の商品やサービスから差別化するための名称，言葉，記号，シンボル，デザイン，あるいはそれらを組み合わせたもの」と定義している（AMA, 2017）。消費者に認識される名称，言葉，記号，シンボル，デザイン，あるいはそれらを組み合わせたものは「ブランド要素」と呼ばれる。企業は，このブランド要素を戦略的に創造と伝達をすることによって，企業や商品・サービスのブランド構築を図り，他と何らかの違いを生み出すためのブランディングに取り組んでいる。

　ブランディングとは，商品やサービスにブランド・エクイティを授け，何らかの違いを生みだすことである（ケラー，2003）。ブランド・エクイティとは「ブランドの名前やシンボルと結びついたブランドの資産（および負債）の集合であり，製品やサービスによって企業やその顧客に提供される価値を増大（あるいは減少）させる」ものであり，その主要な資産は「ブランド認知」「ブラン

ド・ロイヤルティ」「知覚品質」「ブランド連想」とされている (アーカー，1994)。また，Keller (1993) は「消費者の持つブランド知識がそのブランドのマーケティング活動への消費者の反応に及ぼす差異的な効果」と定義し，その効果の違いはブランドに備わった付加価値の差から生じると指摘している。

　大学ブランディングの主たる目的は，他大学との差別化といえる。したがって，大学のブランディングにおいても「ブランド要素」を戦略的に整え，大学や大学が生み出す成果物に対して「ブランド・エクイティ」を構築することが重要である。特に，大学の「スポーツ」をブランディングの中心的要素と位置づけてブランド・エクイティを構築していくことは，大学のブランディング効果を大きく左右すると考えられる。

2 大学のブランド体系とブランド・エクイティ

(1) 大学のブランド体系と大学スポーツブランドの構造

　大学のブランド構築のためには，所有する複数のブランドの体系化を図り，それらの価値と大学の価値を高めるためのブランド・ポートフォリオ戦略の立案が不可欠である。一般的に，大学は一定の認知度を有する「マスターブランド」として存在するとともに，学内の学部や付置施設，そして運動クラブなどの多数のサブブランドをポートフォリオに持っている。大学は各サブブランドを強化することによって，より強固なマスターブランドとして確立することができる。

　図6-2に，筆者が勤務する大学のブランド体系を示した。まず，大学は各学部や付置センター，そして大学運動クラブなどの「サブブランド」の柱で支えられる「マスターブランド」である。各運動クラブはそれぞれサブブランドとして大学を支えてきたが，運動クラブを統括するアスレティックデパートメントの設立によって新たな強いサブブランド（太い柱）が構築された。さらに，アスレティックデパートメントに所属する学生や指導者は，同時に各学部や付置センターのメンバーであることから，後述する「品質管理」の充実は他のサ

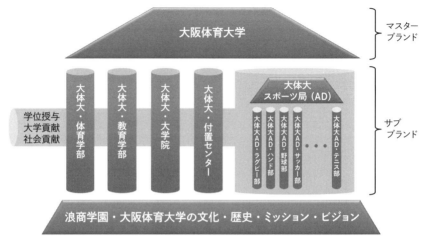

図6-2　大学ブランド体系例と大学スポーツブランドの位置づけ

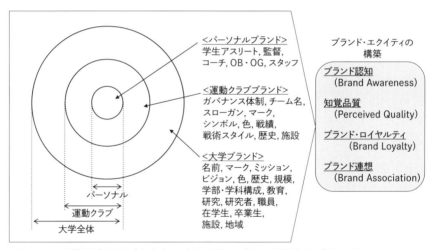

図6-3　大学運動クラブを中心とする大学のブランド構造とブランド・エクイティ

ブブランドの品質向上につながり，柱としてのサブブランドを横につなぐ「梁」として機能することができる。

　大学スポーツを利用した大学ブランディングの視点からとらえると，大学ブランドは「パーソナルブランド」「クラブブランド」「大学ブランド」の３つの

ブランドのブランド・エクイティ構築に取り組まなければならない。図6-3に，この3つのブランドとブランド・エクイティの関係性を示した。まず，パーソナルブランドは，大学スポーツチームの人材が学内外の人々や組織からどのように認知・認識されているかであり，学生アスリート，監督，コーチ，OB・OG，そしてスタッフなどがブランド要素といえる。クラブブランドは「大学の運動クラブ」がどのように認知・認識されているかであり，組織ミッションとビジョン，ガバナンス，チーム名，スローガン，マーク，デザイン，シンボル，色，ビジョン，育成方針，運営管理，戦績，歴史などがそのブランド要素である。そして，大学ブランドは「大学を構成する，または，関連する全ての人材や組織，事柄など」がどのように認知・認識されているかであり，ブランド要素には，教育方針，学位授与のためのカリキュラム，大学の名前，ミッション，ビジョン，マーク，色，歴史，研究，人材（教職員，在学生，卒業生），規模などが含まれる。

これまで，メディア露出機会の拡大や大学イメージの改善と訴求の推進，ステークホルダーの大学アイデンティティの醸成において，大学スポーツの活用が積極的に取り組まれてきたことは，日本の大学の歴史を見ても明らかである。その意味からも，大学スポーツに関するパーソナルブランドとクラブブランドは重視すべきブランド要素である。そして，大学は大学ブランドと共に大学スポーツの「ブランド・エクイティ」の構築のために「ブランド認知」「知覚品質」「ブランド・ロイヤルティ」そして「ブランド連想」の創造に努める必要がある。

（2）大学スポーツのブランド・エクイティとは何か

大学スポーツを利用した大学ブランディングのために構築すべきブランド・エクイティの構成要素である「ブランド認知」「知覚品質」「ブランド・ロイヤルティ」「ブランド連想」を図6-4に示した。ブランド認知とは「人々の心の中におけるブランドとしての存在の強さ」である。一般に，人々は知らないこ

ブランド認知	・「人々の心の中におけるブランドとしての存在感の強さ」 ・選手，監督，コーチ，スタッフは認知され，正しく認識されているか ・運動クラブは認知され，正しく認識されているか ・大学は認知され，正しく認識されているか
知覚品質	・「人々の特定の対象に対する"品質"に対する認識」 ・選手，監督，コーチ，スタッフは「高品質」で管理されているか ・運動クラブは「高品質」で管理・運営がされているか ・大学は「高品質」で管理・運営がされているか
ブランド ロイヤルティ	・「人々の特定の対象に対する忠誠心，帰属意識，愛着の強さ」 ・選手，監督，スタッフは人々からのロイヤルティを獲得しているか ・運動クラブは，人々からのロイヤルティを獲得しているか ・大学は，人々からのロイヤルティを獲得しているか
ブランド連想	・「人々が特定の対象に関して連想できるすべてのものやこと」 ・選手，監督，スタッフは強く，正しく，多様な連想を提供しているか ・運動クラブは，強く，正しく，多様な連想を提供しているか ・大学は，強く，正しく，多様な連想を提供しているか

図6-4　大学運動クラブを中心とする大学のブランド・エクイティの構成要素

とには関心を示さず，関心のないことには興味を持たず，興味がないことに行動も起こさず，愛着も持たない。適切な広報ツールを使って正しい情報を伝え，認知と認識を高めていくことが求められる。

　知覚品質とは，「パーソナルブランド，クラブブランド，そして大学ブランドの品質に対する人々の認識」である。知覚品質を高めるためには，まず，ブランドを高品質で管理・維持することが重要である。そして，人々がブランドの品質を何で判断しているのか，いつ判断したのか，そしてその判断に至った品質は実際の品質と合致しているのかを確かめる必要がある。

　ブランド・ロイヤルティとは，「パーソナルブランド，クラブブランド，そして大学ブランドに対して人々が持つ忠誠心，帰属意識，または愛着」である。一般に，企業や製品に対して高いロイヤルティを持っている顧客は高い利益をもたらしてくれる。大学スポーツも同様に，3つのブランドへのロイヤルティ

が高い人，その一員としての帰属意識が強い人，3つのブランドとその構成要素への愛着が強い人の獲得は重要である。特に，一般学生や卒業生とその関係者，教職員，大学周辺地域住民のマーケットは重要であり，その中で特にロイヤリティが高いセグメントを発見することが重要である。

そして，ブランド連想とは「パーソナルブランド，クラブブランド，そして大学ブランドから人々が連想する全てのものやこと」である。ケラー（2003）は，ブランド連想には「強さ」「好ましさ」「ユニークさ」が重要であると同時に，人々がブランドから事柄を連想する源泉や形成方法を明らかにすることがブランド・エクイティ構築において貴重な情報をもたらすと指摘している。例えば，ある大学の「○○部の○○選手」について「強い」「明るい」「元気」「まじめ」などのポジティブな連想だけであればいいが「真剣さがない」「授業態度が悪い」などが連想されれば，人々から見たパーソナルブランドの「質」は低いということになる。

大学のブランディングの主たる目的は他大学との差別化にあり，その戦略において大学スポーツの活用は有効な手段である。大学スポーツによるブランドマーケティングを成功に導くためには，そのブランドとしての構造とブランド・エクイティを理解すること，そして明確なブランドコンセプトのもとに戦略を立案することが重要である（図6-5）。

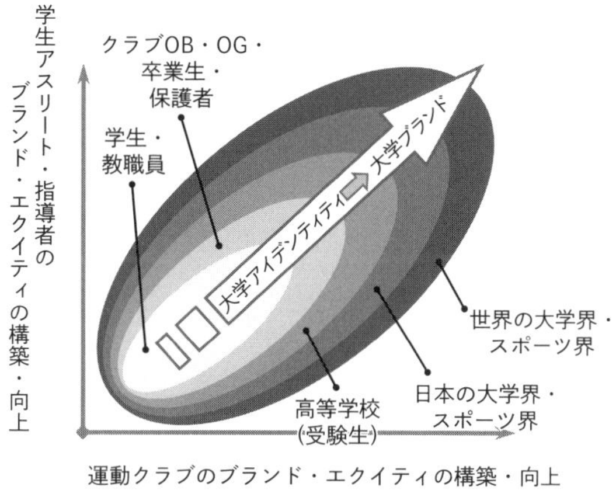

図6-5 大学スポーツのブランド・エクイティ管理と大学ブランド力の向上

3 品質管理とは何か

　大学ブランドと大学スポーツブランドのブランド・エクイティの4要素の中で最も重要なのは「知覚品質」である。そもそも，品質の高いブランドでなければ，よいブランドとして知覚されない。そして，ブランドとは品質の保証あるいは信頼である。大学そして大学スポーツのブランディングでは，ブランドを構成する「パーソナルブランド」「クラブブランド」「大学ブランド」の「品質管理」が不可欠である。

　図6-6は，それぞれ主な品質管理の対象とそれぞれの内容を示している。大学の「品質」の柱は研究と教育である。大学は国から認められた学位授与の高等教育機関である。したがって，学生アスリートや一般学生に関わらず入学から学位授与に至るまでの教育プロセスのクオリティ管理が不可欠である。また，研究業績や就職実績については国内外での大学ランキングが調査会社などによる発表で広く知られるので，大学ブランド認知と品質の認識に大きく影響する。まずは，「大学」としての品質をどう構築するが重要である。

　次に，運動クラブの「品質」である。最も重要なのは学内そしてクラブ内におけるガバナンス体制の整備である。組織として権限と責任を分担そして共有し，透明性のある健全な組織運営ができることが品質の高い運動クラブといえる。加えて，戦績，ビジョンや育成方針，施設やスケジュール，資金管理など，これらの要素をしっかりと「構築」そして「管理」することがクラブのブランディングには不可欠である。

　そして，学生アスリートや指導者などの人材の「品質」である。大学スポーツにおいては学生アスリートの「品質」が重要となる。学生アスリートが大学で確立されている学位取得プロセスの品質の中で教育を受け，単位を修め，学位を習得することは，彼らの品質のベースである。そして，彼らを社会人として，アスリートとして，またはサポートスタッフとして育成することが重要である。指導者も同様に研究会や講習会を通して最新の指導や研究を学ぶ機会を作るとともに，指導者が活躍できる環境を整備することが重要である。さらに，

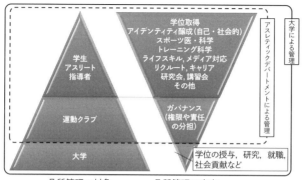

図6-6 大学スポーツ振興の視点から見た大学ブランドの品質管理

　運動クラブに関係する人材の学内外での行動と態度，コミュニケーション能力，メディア対応など，様々な能力の向上を通して，高い品質の「構築」と「管理」が求められる。

参考文献

American Marketing Association（AMA），公式ウェブサイト．https://www.ama.org/Pages/default.aspx（2017年10月4日閲覧）

Keller, K. L.（1993）"Conceptualizing, Measuring, and Managing Customer-Based Brand Equity" *Journal of Marketing.* 57(1)，pp. 1-22.

ケラー．K. L. 著：恩蔵直人研究室訳（2003）『ケラーの戦略的ブランディング――戦略的ブランド・マネジメント増補版』東急エージェンシー．

アーカー，D. A. 著：陶山計介訳（1994）『ブランド・エクイティ戦略――競争優位をつくりだす名前，シンボル，スローガン』ダイヤモンド社．

（藤本　淳也）

03 大学のマーケティング

1 大学によるスポーツマーケティング

　図6-7は，大学によるスポーツマーケティングの概念を示している。第1節で述べたように，スポーツマーケティングには「スポーツのためのマーケティング」と「スポーツを利用したマーケティング」の二つの側面がある。この図では，「パーソナルブランド」と「運動クラブブランド」の，あるいはその集合体によって構成されている大学スポーツのブランド・エクイティを構築・向上させることによって，その二つの側面から大学が仕掛けるマーケティングの活動や対象が示されている。

　大学によるスポーツマーケティングが一般的な商品・サービスのマーケティングと大きく異なる点を三つ指摘したい。第一に，クラブ関係，大学関係，競技種目関係の「影響要因」によるブランド・エクイティへの影響が大きいことである。例えば，種目への社会の注目が低く，大学の認知度も高くなく，そして競技レベルが低ければ，大学スポーツのブランド・エクイティの構築・向上とマーケティング活動の成果を得るハードルは高くなり，時間も要する。一方，人気の高い種目で有名大学が勝利すると，その活躍や結果がメディアに取り上げられることによって大学スポーツのブランド・エクイティも構築・向上し，大学が展開するマーケティング活動が後押しされる。つまり，大学スポーツは大学の大きな経営資産としての「商品・サービス」であるにも関わらず，運動クラブや学生アスリートの勝敗や戦績，一般社会における大学やスポーツ種目の認知度や認識度など，大学がコントロールできない要因の影響を大きく受けるのである。

　第二に，大学スポーツブランドの中核である学生アスリートの育成と活躍の期限が決まっていることである。通常，入学してきた学生は4年で卒業する。つまり，一度契約するとその選手の長期的な活躍が期待できるプロスポーツと

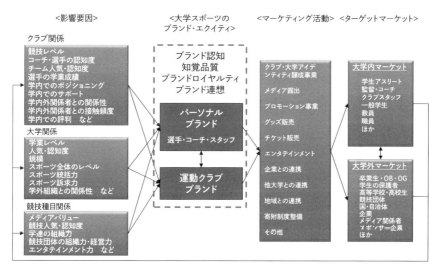

図 6-7　大学によるスポーツマーケティングの概念図
出典：Gladden et al.（1998）と Ross（2006）を参考に筆者が作成。

異なり，入学して 4 年以内に活躍できるように育成しなければならない。そして 4 年生の卒業を見込んだチーム編成や戦術構築が毎年必要である。これは，ブランド・エクイティの構築・向上，マーケティング活動もこれらに対応し，再考し，展開することを意味している。一方，学生アスリートが入学後に大学を移籍することは，再受験，授業料，取得単位の読み換え可否，仲間との関係を考えると困難に近い。この意味では，アスリートとして学生の入学を許可することは，大学はプロスポーツチームがプロ選手を獲得するよりも大きな責任を負っている。

　第三に，大学が展開するスポーツマーケティング活動の費用を大学の主な収入源である学生納付金，補助金，手数料（受験料など）などへ大きく依存していることである。一般的な商品・サービスの場合，製品・サービス開発やマーケティング活動費は，その事業で回収する。しかし，わが国の現状では大学による大学スポーツへの投資費用をスポーツ事業で回収するシステムが構築されていない。スポーツ庁が取り組む日本版 NCAA 構想や各大学が進めるアスレ

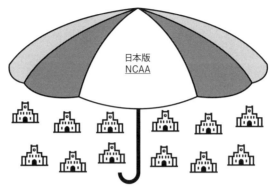

図6-8　日本版NCAAブランドと大学ブランドの体系図（アンブレラ型ブランド）

ティックデパートメント設置は，このシステム構築へ向けてのチャレンジでもある。

2　日本版NCAAブランドと大学ブランド

　スポーツ庁が取り組む日本版NCAA構想は，まだ議論が始まったばかりであり組織としての完成像も見えてこない。米国が100年かけて構築してきた組織の日本版が数年で完成することはない。さらに，日本で長年かけて構築されてきた大学スポーツの仕組みを数年で再構築することは困難に近い。それでは，大学マーケティングにおいて日本版NCAA構想と大学スポーツの振興をどのように捉えればいいのだろうか。

　日本の大学スポーツの現状をブランドマーケティングの視点から考えると，図6-8のような関係性のブランディングを目指すことから始めるべきと考える。現在，スポーツ庁が検討している日本版NCAAは学生アスリートの「学業充実」と「安全安心」，そして組織の「マネジメント」に関する「制度のアンブレラ（傘）ブランド」といえる。これは，大学を「所属」させることを目的とした組織ブランドではない。そして，この3つを主とする制度のアンブレラ・ブランドが近い将来，傘のように広げられると思われる。

各大学はこのアンブレラ・ブランドが構築されるであろうことを見据えながら，独自の大学マーケティングを積極的に展開することが重要である。前述のように日本独自の大学スポーツの仕組みと歴史があり，各大学の特徴も異なる。その背景と現状を踏まえながら，各大学が大学スポーツのあるべき姿と未来像を議論し，それぞれの地域で，他大学や自治体，企業，関連団体と協力しながら，強い大学スポーツブランド構築を目指すべきである。そのような大学が増えるほど，スポーツ庁が取り組む日本版 NCAA という制度のアンブレラが大きくなり，日本らしい NCAA の構築と大学スポーツの振興に繋がる可能性が高まる。

参考文献
Gladden, J. M., Milne, G. R. and Sutton, W. A.（1998）"A Conceptual Framework for Assessing Brand Equity in Division I College Athletics" *Journal of Sport Management*. 12(1). pp. 1-19.
Ross, S. D.（2006）"A Conceptual Framework for Understanding Spectator-Based Brand Equity" *Journal of Sport Management*. 20(1). pp. 22-38.

（藤本　淳也）

04 大学スポーツ振興のための資金調達の課題

1 資金調達の事例としての「神戸大学エレコムグラウンド」

　本節では，現状の日本の大学スポーツの問題点を提示し，その上で，現実的なプランを提示することを通じて，大学スポーツの経営的側面における課題について検討する。結論を先取りすれば，本節の論点は，①大学やチーム単独での問題解決は困難であり，クラブ・大学・学生連盟からなるプラットフォームを構築する必要があること，②大学におけるスポーツ科学分野の研究に着目し，その成果を産学連携につなげていく体制の構築が重要であること，以

上，2点であると考えている。

　まず，基本的な論点を整理するために，筆者が起案に携わったプロジェクトとして，「神戸大学エレコムグランド」を例示してみよう。事実関係は，「2015年1月，エレコム（株）によって神戸大学グランドに対して人工芝工事等総額1億6000万円規模の寄附をした」事例である（詳細はColumn 8を参照のこと）。利害関係者を整理すると，① エレコム（株），② エレコム神戸ファイニーズ，③ 神戸大学，④ 神戸大学アメフト部，と少なくとも四者が登場することがわかる。少し考えただけでも，かなり複雑である。しかしながら，10年ほど遡る2005年頃の当初の問題意識は，きわめてシンプルなもので，「私立大学のアメリカンフットボール強豪校のグランドは，ほとんど人工芝にもかかわらず，何故，国立大学のグランドは人工芝でなく，環境が劣悪なのだろうか？」というものであった。それが故，当時，筆者は，神戸大学ラクロス部OBの立場もあり，また，神戸大学の⑤ 運営支援会社を創設し，その役員であったこともあり，大学の有力OBに協力を呼びかけ，大学グランドの人工芝化のプロジェクトをスタートしたのが，その経緯であった【当初の契機】。

　さらに時代を遡ると，私自身，1990年，アメフト部を退部し，ラクロス部の創部に関わっている。その後，2002年，ラクロス部出身の後輩の学生（現関西大学谷所慶准教授）が，大学院博士課程のスポーツ科学専攻に進学しているが，当時，そのスポーツ科学の指導教員であった平川和文教授は，アメフト部・部長でもあった。スポーツ科学研究室の師弟関係もあり，結果的に，アメフト部とラクロス部の間には非公式な連携が取れるようになっていたのである。しかし，私自身が，様々な事情から⑤ 運営支援会社から離れざるを得なくなり，人工芝化のプロジェクトはその後，10年以上，頓挫した状況になっていた【停滞期】。

　一方，② エレコム神戸ファイニーズは，1975年創設の社会人アメリカンフットボールの古豪有力チームであったが，1999年，サンスター（株）とのスポンサー契約が終了後，市民チーム，地域密着型クラブとして再出発をはかること

になる。2005年，神戸周辺をホームタウンとするが，筆者自身は，神戸アスリートタウンクラブ等，幾つかのスポーツ関係団体のNPO法人化に協力したこともあり，それ以前に2001年，特定非営利活動法人化（NPO法人化）に協力している。その後，2009年，神戸ファイニーズはエレコム（株）とスポンサー契約が締結するが，神戸大学アメフト部OBが，個人の立場からファイニーズの運営に協力し，神戸への誘致，スポンサー獲得活動をしていたのが重要なポイントである。

そして，2014年秋，神戸エレコムファイニーズは，社会人アメフトリーグ関西リーグ（Xリーグウエスト）を制覇したことが契機となり，2015年4月，神戸大学グランドへの人工芝化への寄附が決まった。実際，国立大学の大学基金事業が本格化したのは，2012年頃からであり，本件の寄附契約締結には大学基金担当者の尽力があったとされる。【寄附成立】

2 事例分析と事業システムの視点

結果として，本プロジェクトは，「神戸大学エレコムグランド」という名称の大学施設のネーミングライツの一形態と言えなくてもないが，「特定非営利活動法人神戸ファイニーズ」と神戸大学間とのスポーツに関する地域連携が本事例の基本型である。

① エレコム（株）からすれば，「神戸大学エレコムグランド」も「エレコム神戸ファイニーズ」も広告協賛によるスポンサーシップの側面が大きい。しかしながら，
② エレコム神戸ファイニーズの立場からは，<u>練習するグランド確保</u>に困っており，
③ 神戸大学の立場からは，<u>人工芝化をする費用捻出</u>に困っており，
④ 神戸大学アメフト部の立場からは，<u>練習相手や常勤指導者</u>に困っており，

いわば，②③④の三者間で困っていることを相互補完した「三角取引」が実施された，とも評価される。

　一方，資金調達という側面からは，大学の産学連携活動の成果として資金(現金)が動いたわけではない。「地域密着型クラブ」と「国立大学体育会クラブ」とのスポーツの地域連携を軸に，一つのスポーツの枠を超えた，様々なステークホルダーとのネットワーク活動（情報交換，人脈づくり）の成果であろう。ファイニーズの神戸への誘致活動，大学運営支援会社の設立，クラブチームのNPO法人格取得，大学基金（寄附等，資金調達事務局）の活動開始等，水面下で将来的な事業化を見据えた，10年以上にわたる準備活動があったことが理解される。

　また，この事例を企業側から評価すれば，大学における産学連携・地域連携活動を相互深化させていくプロセスを経て，「会社の株主に対して，ようやく大学への寄附を許容できる社会的基盤や枠組みができてきた」というのが率直な感想であろうと推測される。以上，事例の内部者視点による筆者の「一人称事例」であるが，ここで大学スポーツ振興における基本的論点をまとめておくことにしよう。

　マルクス経済学では，「市場」は，物々交換を萌芽とする取引の場であり，物々交換を円滑にする媒体・手段として「通貨」が発明され，交換が継続されることによって「交換価値」が生ずることが説明される。スポーツの場合，これを援用し，「あるルールを通じて行われる相手校との交流（試合）を通じた交換価値としてチケット価格が決定される」と理解可能である。しかしながら，試合をしても集客ができないのであれば，そこには，市場を開催しても商品が集まってこない状況と，同様の論理が成立する。つまり，大学スポーツの市場において，何らかの理由で公平性（fairness）が担保できていない，と考えるべきであろう。

　経営における資源は，ヒト・モノ・カネ，と慣用的に述べられる。上記の「神

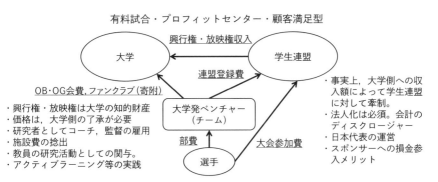

図6-9　日本版NCAAの事業システム

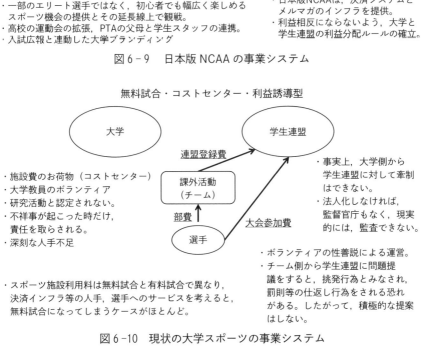

図6-10　現状の大学スポーツの事業システム

Chapter 6　大学スポーツ振興のための資金調達　157

戸大学エレコムグランド」の事例は，人工芝の金銭的価値を換算すると1億6000万円規模であるが，それぞれの関係者の立場によって，人工芝・グランド利用・指導者確保の不便，困りごとの物々交換，バーター取引（barter trade）として成立したように見える。また，実際，「神戸大学エレコムグランド」との呼称についても，関係者が「ネーミングライツ」と言及していないことから，費用対効果を大学側に求めないことによって寄附行為が成立している側面もあると推測される。つまり，大学施設としてのグランドは，一義的には，大学の正課授業におけるスポーツでの利用であり，その次に，程度の違いはあるにせよ，課外活動としての大学体育会での利用なのである。それは，いわゆる既得権益であり，利用料金を支払えば，誰でも利用できるオープンな公共施設ではないのである。

　以上の議論は，製品やサービスレベルの差別化ではなく，事業レベルの差別化として，ビジネスシステム，もしくは，事業システムに着目する必要があることを示唆している（加護野・井上，2004）。既に，整備されている産学連携や地域連携，大学発ベンチャーの制度を活用して，図6-9，6-10に示した通り，利益誘導型から顧客満足型に徐々に仕組みを変えていく必要がある。あくまで予想であるが，資金の流れが，クラウドファンディング機能をもった大学基金経由になることでフェアが担保されると，事業システムは大きく変貌する可能性があると考えている。

参考文献
　加護野忠男・井上達彦（2004）『事業システム戦略——事業の仕組みと競争優位』有斐閣．

（高瀬　進）

Column 7　大阪体育大学／ブランディング事例

　大阪体育大学は，1921年，大阪市天王寺区に浪華商業実修学校を開設した浪商学園が，東京オリンピックの翌年となる1965年に関西初の体育大学として開学した。「不断の努力により智・徳・体を修め社会に奉仕する」を建学の精神に，学校体育をはじめ教育・スポーツ現場，企業，公務員，医療・福祉などの分野に2万名超の卒業生を輩出。1992年には西日本唯一の体育大学大学院を発足し，四半世紀にわたり研究者や高度専門実務家の育成に取り組んでいる。

　開学50周年の2015年には「大体大ビジョン2024」を策定。今後10年の目標は「研究」「教育」「拠点づくり」の3ビジョンである。中でも「DASH (Daitaidai Athlete Support & High Performance) プロジェクト (以下，DASH) は，本学が培ってきた「体育学・スポーツ科学などの研究・実践・人材育成の力を結集。地域社会の活性化に貢献する拠点および世界で活躍するアスリートと指導者を育成・サポートする拠点の整備」を具現化する先導的プロジェクトである。

　その「真」の目的は，学校体育や運動部活動のみならずスポーツ界やスポーツ産業の発展に資する人材育成，その理想的な環境や体制づくりにある。まさに本学がある大阪府泉南郡の熊取キャンパスを中心とする泉州地域での取り組みが「拠点づくり」ビジョンと未来のスポーツ施策による地域の活性化の体現を目指すものである。

　DASHは「大学」という高等教育機関の特徴を活かし，アスリートを教育，サポートするプロセスを「発掘」「育成」「輩出」「リカレント」「研究」「社会貢献」の6つに定め，キャンパス内併設の浪商中高とも連携し，中長期的なアスリートの活動環境の整備に取り組んでいる。将来性のある人材を見つけ（発掘），学生の成長を促し（育成），そして展望に応じ希望する進路の開拓と可能性を引き出す（輩出）ことは，教育機関としての当然の役割であり責務である。

　また，博士前期課程（2年）と後期課程（3年）を有する本学大学院ではスポーツ科学の発展と真のスペシャリストの養成を目指し「スポーツ文化」「競技スポーツ」「健康スポーツ」「学校体育」「レジャー・レクリエーション」を対象とした学術的な研究と教育に取り組むことができる。アスリート，指導者，またハイパフォーマンスに関わる各種専門スタッフの研鑽や，中・高の保健体

育教諭の学び直し（リカレント）の機会として，文部科学省実施の「教員免許状更新講習」も開講している。よって，各々のスポーツや体育に関わる専門人材の自らの資質の向上や深化に取り組む（研究）ことも可能であろう。

　くわえて，スポーツ科学センターや社会貢献センターといった附置施設は，本学が蓄積してきたスポーツ分野の教育・研究実績を学内のみならず広く還元（社会貢献）すべく積極的に地域交流活動に取り組んでいる。

　しかしながら，これらの取り組みは個々には充実してきているものの課題もある。各々の施策や所管組織の専門分化と深化が進む一方，アスリートや指導者を支えるといった統合的，横断的な展開が推進し難い現状もある。また「2018年問題」といわれる18歳以下人口の減少期に入る中での進学率の上昇による，大学の倒産や学生獲得戦争の過熱といった厳しい外部環境の下，今後の新たな大学経営展望・推進のためにも，学内経営資源の整理や統合を進め，その基盤の強化や革新にも迫られている。

　このような本学の沿革と経営資産をふまえ，課題の克服とその事業基盤や組織体制の更新と整備を展望しスタートしたのがDASHである。この創設に向けては，スポーツ事業として専門性と幅の広い施策展開，学内組織の有機的な連携体制の構築を図るために，従来の教員・職員の業務範疇や定義に収まらない統合的，横断的な業務であるため，学外から経験ある人材をディレクターに配置。DASHの始動までには約7カ月の準備期間を費やしている。以降ディレクターの推進で，週1回の学長補佐と学長室での「定例会」にてその進捗を共有，また本学が抱える課題を全学的に共有・討議する「意見交換会」，浪商学園全体の交流と情報共有を目的とした「サロン」などを開催してきた。

　このような過程や成果の可視化を狙い，学内の経営資源の顕在化と浪商中高と本学の学生アスリートの育成や支援・強化のコンテンツをDASHというブランドに集約・統合を図った。その広報のためにロゴやグラフィックも統一，サポート対象となるアスリートのポスターなども学内に掲示，WEBコンテンツの充実や積極的なパブリシティにも取り組みながら，本学が目指すアスリートや指導者のハイパフォーマンスにおけるサポート体制の充実やスポーツ科学による支援プロセスの周知，各種セミナーやシンポジウムの主宰などによる啓発や展開を通じ，大体大ビジョンの醸成に取り組んでいる。

　本学としては2021年の学園100周年，そして大体大ビジョン完成年度である2024年にむけ，DASHプロジェクトの推進とスポーツ局開設による既存事業や組織の有機的連携とその体制強化を図りながら，運動クラブや学生アスリート

といった学内の個々の取り組みやブランドの強化を図っている。そしてそのノウハウや施策を社会貢献や地域活性化に資する活動に転じながら，本学のブランド力を強化し，建学の精神に基づく「学業・スポーツ・研究を通して心身ともに健全な人材を育成し，幸福で平和な社会の実現」に取り組んでいる。

(浦久保 和哉)

Column 8　神戸大学エレコムグラウンド

「六甲 颪(おろし)」，甲子園球場で唄うこの歌は阪神ファンの気分を高揚させるが，鶴甲第一キャンパスの「土」のグラウンドで冬季に受ける北西からのこの季節風は，私達の気分を滅入らせる。冷たい風だけなら身体を動かすことによって克服できるが，強風に舞い上げられた砂埃を伴うこの季節風は，学生のやる気と根気を奪い，近隣住宅・マンションの資産価値を下げていたかも知れない。

国立大学法人神戸大学にとって，授業で使用するグラウンドや体育館はもちろん，課外活動で使用する運動施設の大規模な改修・改善は，国からの運営交付金が毎年減額されるなか，大学の予算ではほとんど望めない状態であった。授業環境や課外活動の練習環境，近隣の生活環境を改善するために，大学執行部，全学共通授業科目「健康・スポーツ科学実習」担当教員・受講学生，アメリカンフットボール部，タッチフットボール部，ラクロス部など鶴甲第一キャンパスグラウンド（約1.4ha）で授業や練習を行うものにとって，この「土」のグラウンドの「人工芝化」は長年の悲願であった。特にこのグラウンドを練習拠点にしているアメリカンフットボール部は，所属していた関西学生Ⅰ部リーグのチーム全てが試合環境と同じ「人工芝」グラウンドでの練習環境を持っていたので，寄附控除が受けられる神戸大学基金制度を活用して，アメリカンフットボール部OB・OGをはじめ多方面から寄附を募り，自力で「土」のグラウンドの「人工芝化」にむけて中心的に活動を開始した。しかし創部40年のアメリカンフットボール部だけでは人工芝化事業はなかなか伸展しなかった。そのような状況でも大学執行部，アメリカンフットボール部，ラクロス部，サッカー部等の卒業生が鶴甲第一グラウンドの人工芝化に向けて活動を続けていたところ，神戸市に本拠地を置く，アメリカンフットボールの社会人リーグ，X

リーグウェストディビジョン（西地区）に所属する「エレコム神戸ファイニーズ」とスポンサーシップ契約を結んでいる「エレコム株式会社（東証一部上場　パソコン周辺機器メーカー，本社：大阪市中央区，取締役社長：葉田順治）」から寄附の申し出があった。
　「エレコム神戸ファイニーズ」には専用練習場がなく，練習場所の確保が急務であった。そのために寄附を申し入れられたわけだが，人工芝化されたグラウンドの優先使用権や，チーム単独での練習などの条件を一切付けず，人工芝グラウンドで神戸大学レイバンズと合同練習ができれば良いという条件のみ提示された。大学にとっては授業や他クラブの使用状況には影響ない大変有り難い申し出であった。両者の思惑が一致したこの事業は一気に計画から事業化まで進んだ。本来なら国立大学法人への寄附は現金納付が一般的であったが，工事規模の大きさや授業への影響，使用開始の時期等から工事業者から全てをエレコム株式会社が選定し，完成したグラウンドを物納と言う形で神戸大学に寄附するという形を取った。敷設される人工芝は「ロングパイル人工芝（65mm）」で，高いクッション性と高耐久性を両立した世界最高水準の品質を持ち，サッカー，ラグビー等の国際公式試合が開催できるものであった。今回，人工芝工事一式以外にも「健康・スポーツ科学実習」での学習環境向上を目的として，授業で実施されている野球・サッカー・ラクロスなどのラインの敷設，サッカーゴールの購入，全学生アスリートが利用できるトレーニングルームの機器購入など，総額1億6146万円の寄附となった。このグラウンドの人工芝化で，健康・スポーツ科学実習の授業では，雨がやめばすぐグラウンドが使える。スライディングをしても怪我をしないなど良好な運動環境が提供され受講生の運動量・技術が向上した。また，「エレコム神戸ファイニーズ」と「神戸大学レイバンズ」の合同練習が開始され，トップクラスの練習を体験することによってレイバンズの一層のレベルアップが期待される。また，現在レイバンズが中心となって行っている学外地域と連携したスポーツイベント開催以外にも，神戸大学全体として今後取り組んでいきたい，社会貢献活動事業を実施するフィールドの一つとして活用されることも期待される。

写真 6-1　テープカット（2015年 4 月29日）
出典：http://www.kobe-u.ac.jp/NEWS/info/2015_02_02_01.html（2017年 9 月15日閲覧）
http://www.kobe-u.ac.jp/NEWS/info/2015_04_29_01.html（2017年 9 月15日閲覧）

（髙田　義弘）

Column 9　University Identity の醸成
―関西大学体育会「カイザーズ」を事例に

　関西大学（以下，「本学」という。）は1886（明治19）年，大阪西区京町堀（当時）の願宗寺に関西法律学校を開校したことを淵源とし，2016年に130周年を迎えた。現在は千里山（吹田市），高槻（高槻市），高槻ミューズ（高槻市）および堺（堺市）の 4 キャンパスに13学部，13研究科・ 3 専門職大学院および留学生別科を擁し，学部，研究科・専門職大学院および留学生別科を含めた全学生数は 3 万887人である。また，2016年には，阪急電鉄「梅田駅」より徒歩約 5 分の立地に梅田キャンパスを開設した。

　本学におけるスポーツの振興は，1922（大正11）年，第11代学長であった山岡順太郎が提唱した『学の実化（じつげ）』が根源となる。「学の実化」とは，①学理と実際との調和，②国際的精神の涵養，③外国語学習の必要，④体育の奨励からなる。④体育の奨励では，スポーツを通じて心身を鍛練するとともに，人間形成を目的としている。

体育会本部								応援団（単独パート）		
体育会45部							関大スポーツ編集局	吹奏楽部	バトン・チアリーダー部	リーダー部
アーチェリー部	合気道部	アイススケート部	アイスホッケー部	ブリヂストンチヤーズ部	空手道部	器械体操部	弓道部	剣道部	ATルーム学生トレーナー部	
拳法部	航空部	古武道部	ゴルフ部	サッカー部	山岳部	自転車部	自動車部	射撃部		
柔道部	重量挙部	準硬式野球部	少林寺拳法部	水上競技部	スキー競技部	相撲部	漕艇部	ソフトテニス部		
ソフトボール部	卓球部	テニス部	なぎなた部	馬術部	バスケットボール部	バドミントン部	バレーボール部	ハンドボール部		
フェンシング部	ボクシング部	ホッケー部	野球部	ヨット部	ラグビー部	陸上競技部	レスリング部	ワンダーフォーゲル部		

　本学の体育会で最も歴史が古いクラブは相撲部で，1892（明治25）年に創部された。次いで剣道部が1912（明治45）年に，柔道部と野球部が1915（大正4）年，ソフトテニス部が1916（大正5）年，テニス部，陸上競技部およびサッカー部が1921（大正10）年に創部された。現在，体育会には45のクラブがあり，体育会本部，AT（Athletic Training）ルーム学生トレーナー部および関大スポーツ編集局（体育会学生の活躍等を広報する機関誌）を含めて体育会が構成されている。2017年6月1日現在の体育会学生の総数は2446人で，全学部生（2万9014人）に対する体育会学生の割合は8.43％である。

　これまで，本学体育会のクラブの中には個々にチームネームを付け，活動を行ってきた。また，本学のスクールカラーは1924（大正13）年に「紫紺」と定められていたが，ユニフォームは赤，黄，黒など様々な色を用いていた。大学あるいは体育会本部は，体育会全体としての統一感がないことから，何とかしてこの状況を打開したいと考えた。そこで，2004年4月，当時の体育会本部は，本学体育会の統一されたビジュアル・アイデンティティを形成し，大学の求心力を高めるために，シンボルマーク・ニックネームとしての体育会カイザーズ

| エンブレム | カイザーズマーク | ネームタイプ（標準パターン） |
| (標準パターン) | (標準パターン) | |

図6-11　関西大学体育会アスレティック・ロゴ

マーク（アスレティック・ロゴ）の導入を大学に要請し，大学はこれを了承した。

カイザーズ（Kaisers）とは，ドイツやロシアなどで用いられた，皇帝の称号（カイザー）を表している。本学の応援歌の一説にある KAISER（王者・皇帝・帝王）を基に，皇帝が指揮官として戦いに赴く勇姿に，勝利を目指して突き進むスポーツマンシップを重ね合わせ，あらゆるスポーツシーンにおいて，つねに頂点を目指す姿勢を見習い，体育会全体にカイザーズというチームネームをつけた[2]。なお，体育会全クラブを同じチームネームで呼称する大学は極めてまれで，筆者の知る限り見られない。また，応援団も体育会と志を同じくし，カイザーズの一員として活動を展開している。

前述の通り，本学には歴史の古いクラブが多いことから，カイザーズというチームネームを導入する際は，クラブや OB・OG 会の理解を得るのが大変であった。そこで，この方針を推進するためにミズノ株式会社と連携し，当時，本学が定めていた最重点種目クラブのユニフォームにアスレティック・ロゴを付し，色も紫紺として普及に努めた。その際，ミズノ株式会社からはユニフォームの提供のほか，様々なアドバイス・サポートを受けた。なお，カイザーズのロゴ入りグッズ（ポロシャツ等）は，本学の生協で誰もが購入できる。

本学体育会全学生は常にカイザーズの一員であるという自覚と誇りを持ち，気持ちを一つにして活動を行っている。カイザーズおよびアスレティック・ロゴは，本学の「ブランド」とも言える（実際に，カイザーズのロゴマークは商標登録されている）。一方，カイザーズの活動が全学生の University Identity の醸成にどの程度影響を及ぼしているかを明らかにすることは困難だが，2017

年度の総合関関戦(本学と関西学院大学との定期戦。2017年度で第40回を数える)では,一生懸命にカイザーズを応援する一般学生の姿を目にした。カイザーズの活動が University Identity を育んでくれると確信している。

注
1) 関西大学学校法人関西大学総合案内2017データ集。
2) 関西大学ホームページ http://www.kansai\u.ac.jp/sports/kaisers/kaisers.html (2017年9月11日閲覧)。

(涌井 忠昭)

Chapter 7 大学を核としたスポーツ健康コミュニティの創造

01 大学スポーツの発展につなげるリエゾン機能

1 リエゾン（liaison）とは？

　国語辞典「大辞泉」によれば，リエゾン（liaison）とは，フランス語などで通常は発音されない語尾の子音字が，次に続く語の語頭母音と結合して発音される現象，つまり，連音のことを意味する。そもそもフランス語から英語に取り込まれたリエゾンという言葉は，料理用語の「つなぎ」として用いられ，その後，軍事用語で異なる部隊の連絡係や通信係を指す言葉として用いられた。米国では，公共サービスにおいて，市民の満足を高めるために行政と民間が融合し，「顧客志向」のサービスを提供しようと「リエゾンオフィス」が設置されはじめ，この言葉が広がった。またわが国でも，医療現場において，1人の患者の治療に異なる分野の専門医が連携し，治療にあたることを「リエゾンケア」と呼ぶ。現在，リエゾンという言葉は，産学官の連携などによく用いられ，「連絡，仲介，橋渡し」という行為を通じて，異なる性質や特異性を持った組織の「結びつき」，さらには，その結合から生まれる「何らかの成果」を期待して用いられているといってよい。

　これからの産学連携は，育てた人材を送り出す側の大学と，その人材を受け入れる側の民間企業という関係性を超え，共同研究や研究開発だけでなく，「共創」によってこれまでとは異なる成果を生む可能性を秘めていると思われる。

共創という視点がステークホルダーの「共益」のみならず，「公益」をもたらす成果を生むことができるのならば，単一組織間の連携だけでなく，複数の個人・団体が参画するプラットフォーム，またはコンソーシアムのような連合事業体がある一定の交渉力を持って，資源や英知を補完し合えるパートナーとの共創も可能になると思われる。

2　リエゾン機能を阻害する障壁

　「大学スポーツの振興」という大義の上では，大学間の連携は図られそうなものの，大学間のみならず，競技団体間にも伝統的かつ複雑な障壁が少なくとも2つは存在する。1つめは，組織間が牽制し合う構図が存在することである。単一事業体としてのアイデンティティが強いほど，個の存在意義を強調するため，組織間が牽制し合い，軋轢や利権争いが生じる。例えば，総合大学における学部間のパワー関係，また異なる競技団体間，さらには，同一競技団体内における種目間のパワー関係などがそれにあたる。2つめは，情報の非対称性に起因する障壁である。コンソーシアムのような連合体組織によって，人や組織が有する資源や英知を結集し，新しい仕組みや組織，また方策を生み出す場合，参画者は，組織特性上，フラットな関係であるにもかかわらず，保有する情報量，またはその源泉となるネットワークが同等でなければ，情報の非対称性が参画者間の軋轢を生んだり，主体者意識のズレを生じさせたりする。これは，参画者内における不公平感だけでなく，先導する参画者から取り残されているという劣等感を生み，次第に共同体としての一体感を喪失させてしまう。

　いずれの障壁も私益，共益，公益のアンバランスに起因するものだと考えられるため，コンソーシアムのような連合体を組織化する場合，あらかじめ障壁と障壁がもたらす軋轢への対策を講じておく必要がある。共同体として生み出される成果や参画するメリットがわかりづらいというのならば，「大学スポーツの振興」というビッグピクチャーをより具現化し，例えば，「学内外から愛されるアスリートの育成」という目標を例示して，なぜ，そのようなアスリー

トを育成すべきなのかという意味合いや「愛されるアスリート像」が持ち備えるべき資質，価値観，行動規範などを明確にしたり，育成するための方策であれば，プログラムの内容やそれを共有するシステムなどを具現化したりすれば，「組織として成し遂げるべき成果」が参画者にどのような便益をもたらすのかという認識を促すことだろう。また情報の非対称性が生み出す障壁については，参画者が得られる権利や利益，またそれにともなう役割や資源の拠出に対する義務を明確にしておくことによって，もたらされる私益と，成し遂げるべき共益と公益の関係性とバランスを可視化することが可能になるだろう。

3 地域における「コモンズ」としての大学

　自分が属する集団や社会の行動様式や規範，知識や価値体系などを内面化することによって，自分らしさを形づくり，表現し，その集団や社会の発展に寄与しながら，その集団や社会にとって相応しい成員になっていくことを「社会化」と呼ぶが，大学のみならず，教育機関は，人々が様々な事柄に社会化されていく過程で重要な役割を担っている。そのため，教育機関は，「する・みる・ささえる・つくる」といった人とスポーツとの多面的な視点からスポーツの価値にふれ，豊かなスポーツライフを確立するために必要な「スポーツリテラシー」を身につける場とならなければならない。また地域社会には，小中高等学校や大学などの教育機関だけでなく，子どもから高齢者の多世代にわたるスポーツ組織，様々なミッションを掲げるNPO法人やボランティア・まちづくり団体，そして地域経済の活性化を願う地元企業や地域振興によるまちの潤いを図ろうとする地方公共団体など，地域社会には多様な目的を持った組織が存在するが，このような組織の事業化や取り組みは，資源に制約されるため，一過性なものに留まったり，各々の組織の存在感を強調しようとするため，人や場所を中心とした資源が分散化・拡散化したりする傾向にある。その結果，事業効果が地域社会全体へ行きわたりにくく，継続的かつ一貫性のある事業化やシステム構築に至らないことが多い。そのため，施設・設備などのハードと，

人的かつ知的資源のソフトを有する大学は，大学教育の場としてだけでなく，多様な人々が集って交流し，互いに学び合い，助け合い，刺激し合って新たな価値や文化を創出する地域のコモンズ（共有地）として機能させることが望まれる。
　図7-1に示すように，コモンズとしての大学は，ミッションや活動内容が異なる多様な組織が有機的なパートナーシップやコラボレーションを図るためのプラットフォームとなり，保有する人的・物的・知的資源を活かしながら，様々な組織の橋渡し役となり，地域社会のネットワーク化や限られた資源を共有化するような相互補完的かつ相互依存的な役割を担うべきであろう。例えば，行政機関には，健康増進，教育振興，また地場産業の活性化とともに6次産業化や観光資源の有効活用などを目論む産業振興関連部局など，多様な部局は，地方自治体が掲げる総合計画に基づき，様々な施策の実現を目指そうとしているが，都市規模が大きくなればなるほど，部局間の連携が図りづらく，逆に都市規模が小さくなればなるほど，単一事業の予算規模が小さくなるため，投じ

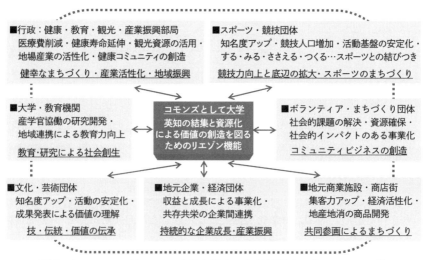

図7-1　コモンズとしての大学を核とした地域社会のネットワーク化

られる資源やエネルギーの有効性が十分発揮できない場合がある。また地域社会に存在する様々な組織は，とりわけ，財源や人材などに活動が制約されるため，事業がマンネリ化したり，組織の主たる活動以外によって組織の存在意義をアピールする機会を逸したりしていることが想定される。多様なアクターが存在する地域社会において，異なる技術やアイディア，またネットワークを有する個人や組織を結合させるべく，大学が事業間や組織間の連結ピン役を果たすことにより，地域内資源の共有化や効率化を図るだけでなく，事業シナジーや組織間連携など，新しい仕組みや価値を地域社会に創出するようなリエゾン機能を果たすことが大学に期待されている。

4 スポーツ・アドミニストレーターの役割

「大学スポーツの振興」が施策の1つとして掲げられた「第2期スポーツ基本計画」には，各大学でスポーツを管理・統括する部局の設置や学生アスリートのキャリア形成・修学支援，また地域貢献活動の支援や大学横断的かつ競技横断的統括組織（日本版 NCAA）の創設支援などについて触れられているが，これら施策の成否の鍵を握っているのは，「スポーツ・アドミニストレーター」であろう。文部科学省は，研究資金の調達や知的財産の管理・活用など，研究活動の活性化を図る研究マネジメント人材として，URA（University Research Administrator）の育成と配置を手掛け，研究環境の改善・向上を目指しているが，URA は，外部資金の獲得や民間企業との共同・受託研究など，大学における研究を促進するリエゾン機能を果たす人材である。つまり，スポーツ・アドミニストレーターは，まさに「スポーツ版 URA」と呼べるような大学スポーツ振興の「カタリスト」のような存在といえる。スポーツ・アドミニストレーターに対する期待は高まるものの，まだどのような役割を担い，その役割を遂行するために，どのようなスキルを持ち合わせるべきかなど，十分な議論が進んでいるわけではない。ステークホルダーとの接触や連携の模索，また大学単体ではなく，ある一定のエリアやエリアを越えるような大学間の連合体組織と

して発揮できるパワーや統制力を考え，学生連盟，競技団体，メディア，中等教育機関，また民間企業，さらには地域社会などとどのような関係性を築き，どのような仕組みやプロダクトなどを生み出すことができるのかなど，URAの活動やスキル，また生み出してきた成果などをベンチマークとして活用すべきであろう。

（長積　仁）

02 大学スポーツにおけるヒューマンリソースマネジメント

1 大学スポーツにおけるスポーツボランティア

「組織は人なり」というように，大学スポーツの推進においても「人」が組織の鍵を握り，スポーツ・アドミニストレーター（以下，SA）をはじめ，人材の発掘と養成が重要課題となっている。経営学者のバーナードは，組織の成立条件として，「共通目的（組織目的）・協働意志（貢献意欲）・コミュニケーション」の3要素を示し（バーナード，1938），大学スポーツのマネジメントにおいてもこの3要素を軸に，共通目的（組織目的）を明確に設定・発信し，スタッフやメンバーの協働意志（貢献意欲）を引き出し，コミュニケーションを促進することが重要である。大学スポーツ組織の「ミッション：社会への使命」と「ビジョン：将来構想・展望」を実現し，安定した大学スポーツの推進をする上で鍵となるのが，経営資源（ヒト・モノ・カネ・情報）のヒト＝人材であり，重要となるのが人材のマネジメントである。人材のマネジメントとは，HMR（Human Resource Management）を指し，組織の目標達成や維持向上のために，人材という貴重な資源を確保し，活用することにある。特に本節では，大学を核としたスポーツ，健康コミュニティの人材として重要となるスポーツボランティアに注目したい。大学によっては，社会連携に関する部署や大学ボランティアセンターなどがスポーツボランティアに関与するケース，その他には学内ボランティアサークルやスポーツマネジメント関連の研究室（ゼミ）が

スポーツボランティアを実施したり推進したり，促進したりするケースがある。もちろん，学生部や強化センターなどが所管する学友会や法人化された体育会の各クラブがスポーツを通した地域貢献活動を実施するケースもある。今後は各大学に配置されたSAのサポート役として，また今後の創部が期待されるスポーツマネジメント部のメンバーなどもスポーツボランティアとしての役割を担う。

2 大学スポーツのミッション・ビジョンと目標設定の再確認

　組織の構成員が努力をするのは何らかの目標を達成するためである。しかし，目標には「やりがい」のあるものとないものが存在する。では，どのような目標が設定された時に，人は「やりがい」を感じ，努力をするのだろうか？　目標設定理論では，困難で具体的な目標の設定が，高い生産性（優れたレベルで達成する度合い）に結びつくためには，その目標が価値のあるものとして受け入れられる必要があるといわれている。大学スポーツの推進を考えた場合，限られた予算や環境などの条件の中で，強化クラブ等の競技成績や活躍に関する広報などの露出に目がいきがちである。しかし，重要な目標は，正課である学業と・課外であるスポーツ・文化活動の双方で活躍した優秀な人材を世に輩出することや，学友や教職員はもちろん，校友会および保護者会，そして地域の方々との一体感を醸成し，大学内外から愛され，応援され，必要とされる大学としてのコミュニティをつくることである。ところが，現状では大学内外でのコミュニティづくりや地域・経済の活性化などの目標や人材育成という目標は明確に設定していない大学がほとんどである。目標の設定がなければ努力はされず，方向性も曖昧である。しかし，目標が設定されれば困難さは努力の増大と持続に繋がり，目標の明確さは努力の方向性を示すことになる。大学スポーツ推進組織のミッション・ビジョンを再確認し，価値のあるものとして受け入れられる目標を設定し，課題達成の取り組みを促進することで，大学スポーツとそのスタッフやボランティアなどのメンバーのやりがいや資質もアップする。

3 スポーツボランティアの参加動機と継続要因から学ぶ

（1）スポーツボランティア活動への参加動機

「やりがい」について理解をさらに深めていく際に，重要となるのは大学スポーツ推進に関かわるという価値を高め，「働きがい」を感じる環境を整備することである。つまり，モチベーションを上げて参画するためのポイントとなるのは，① 活動自体にチャレンジ性があり，成果を挙げるための基準や実行すべき情報も与えられていてやりがいがあること，② 自分の成果についてフィードバックがあること，③ 自分の能力をより高め，継続的に成長できる環境にあることである。つまり，自分の能力を高めることや成果についてのフィードバックが重要であるということは，そもそもスポーツボランティアとして，地域や社会貢献事業に参加しようとする動機を知ることが重要である。

一般的にボランティアは，「自発性，無償性，利他性」の３つの特徴があるといわれているが，大学スポーツ推進事業に関わる場合には，自発的ではなく動員という形で関わらざるを得ないとう状況が生まれる。そこで重要となるのが，ボランティアへの２つの参加動機である。１つめは，自分への見返りに関係なく他人のためにボランティア活動を行う「利他的動機（altruistic incentives）」，そして２つめは，自分に何らかのベネフィット（便益）があるためにボランティア活動を行う「利己的動機（egoistic incentives）」である。つまり，ボランティアにとっての「やりがい」は，これらの動機が達成できた時に感じることができると置き換えられるため，自発的ではない動員であっても事前の研修などで，組織のミッション・ビジョンと大学スポーツ推進の目標設定を説明し，モチベーションを上げることは可能となる。筆者らがある市のスポーツイベントボランティア登録者の参加動機について調査を実施した結果，「利他的動機（altruistic incentives）」では「社会貢献」，「利己的動機（egoistic incentives）」では「能力向上」「社交・交流」「自身の経験の活用」「時間の有効活用」などが主な要因であることが分かった。また，都市型市民マラソン（京都マラソン）の個人ボランティア登録者の参加動機について調査をした結果，参加動機の半

数は,「利他的動機（altruistic incentives）」，特に「地域貢献」のためという動機が強い傾向にあり,「利己的動機（egoistic incentives）」についても,「自身の能力を向上する」「社交（交流）に期待する」という動機が強く,「スポーツ（マラソン）に関わる」「イベント特有のメリットやボランティア特典への期待」なども要因となっていることが分かった（松永・二宮・長積, 2014）。つまり，大学スポーツの推進に関わるボランティア人材も，多くは社会貢献やスポーツの推進のために貢献していると実感できれば「やりがい」を感じることができるのである。きっかけは組織的な動員や義務的な活動であっても，自分自身の能力やコーディネート力などが向上したと実感したり，さまざまな団体や地域の人たちと楽しく交流したりする中で，コミュニケーション力が身に付くなど，チャレンジ → フィードバック → 成長の条件が整えば，「やりがい」を感じるのである。さらに，資質をアップするためには，自分自身にも目標設定が必要で，その目標の困難さや明確さが課題達成への動機づけを強め，ボランティア活動であっても資質や力量のアップに繋がる。大学を核としたスポーツ・健康コミュニティにおいて，学生アスリートやスポーツマネジメントに関わる学生がこのような環境に身を置くことで相乗効果が生まれることは間違いない。

（2）スポーツボランティア活動の継続要因

次にスポーツボランティアの継続要因について考えてみる。大学スポーツの推進事業においても，単発のイベントボランティア初参加者をいかに継続させ，他のスポーツボランティアへの参加促進へと導くのか，さらに，スポーツ推進への担い手として誘うためのマネジメント（しくみ）を構築することが重要となる。そのコーディネートの資質をアップするために，スポーツボランティア活動を継続するしくみとして，ボランティア・マネジメントのプロセスについてみていく。まず，そのプロセスの中で重要になるのが，継続に影響を与える3つの要因「参加動機要因」「個人的要因」「状況への態度要因」を把握することである（桜井, 2007）。前述のように，「参加動機要因」を刺激することは重要

な視点となるが，特に利他的動機（地域貢献など）の充足感と満足感が活動継続に影響することを忘れてならず，これが「やりがい」につながる。次に，「個人的要因」の視点では，活動継続に重要な視点は属性だけではなく，組織のミッション・ビジョンやボランティアの活動理念の理解度が高いかどうかが決め手となる。3つめの活動継続に影響を与える要因は「状況への態度要因」で，ボランティア自身が様々な状況に対して，どのような認知態度（特に満足度）をとっているのかを「組織サポート」「業務内容」「集団性」「自己効用感」の4つの視点からみることである。特に，参加動機の充足感（満足度）から紐解くと，「組織サポート」にあたるボランティア前後の研修（オリエンテーション）や交流会が重要となり，他のボランティアとの関係構築や一体感などの「集団性」や「自己効用感」の向上などの自身のエンパワメントにも繋がる。このように，大学スポーツにおいても，ボランティアを継続するしくみをつくるには，ボランティアの活動継続に影響を与える要因を把握し，参画へと促進をするためのマネジメントのプロセスが重要となる。

　以上のように，大学におけるヒューマンリソースマネジメントをスポーツボランティアの視点からみてきたが，終局的には，体育会もしくはスポーツ局（強化センター）所属のスポーツマネジメント部が多くの大学に創設され，将来のSAなどの質の高いマネジメントの人材の育成につながることを期待する。

参考文献

バーナードC. I.（1938）山本安次郎・田杉競・飯野春樹訳（1968）：『新訳・経営者の役割（The Functions of the Executive）』ダイヤモンド社。

松永敬子・二宮浩彰・長積仁（2014）「京都マラソンにおけるスポーツボランティア参加動機構造」『京都滋賀体育学研究』第29巻第2号。

桜井政成（2007）『NPOマネジメント・シリーズ③ ボランティアマネジメント——自発的行為の組織化戦略』ミネルヴァ書房。

（松永　敬子）

03 大学を核としたスポーツによるまちづくりの創造と展開

1 「まちづくり」の意味

　人とスポーツとのかかわりは，「する」だけでなく，「みる・ささえる・つくる」など多面的である。またスポーツがもたらすベネフィット（便益）は，健康増進や体力の向上，痩身効果といった身体機能の向上のみならず，爽快感，達成感，興奮，リラクゼーション，またスポーツ場面に参画する人々の社交や一体感といった心理的・社会的側面や，さらには，健康づくりへの取り組みが医療費を軽減するといった経済的な側面にも及ぶなど，スポーツや健康づくりがもたらすベネフィットは多様である。加えて，そのベネフィットは，個人に留まることなく，集団，地域，そして社会全体へと広がってく。つまり，人々の多面的なスポーツの営みによってもたらされるベネフィットの多様性と，それが個人から社会へと波及するという特異性こそが，スポーツとまちづくりを結びつけているものと思われる。

　そもそも「街づくり」という言葉は，1962年の名古屋市栄東地区の都市再開発市民運動において初めて使われ，その後，一般用語として登場したのは，1970年代前半に区画整理による道路拡張やマンション建設にともなう日照権の侵害等への反対運動が起こったときといわれている（延藤，1996）。定められた基準によって機械的に作業が進むような固いイメージを有する都市計画とは異なり，ひらがなで表記する「まちづくり」は，衰退しつつある地域の再生を目指して，住民自らが地域をつくりかえようと物的環境の改善だけでなく，目に見えない生活面での改善や生活の質の向上を図るための活動の総称として使われるようになった。

　現在，まちづくりという名で取り組まれる活動は，都市の再開発やコミュニティデザインを含めた都市計画，また衰退しつつある地方都市における中心市街地の活性化や地域の特徴を活かそうとするまちおこし，さらには，少子高齢

化対策，子育て支援，環境保全や伝統文化の継承といった社会的課題を手掛ける団体と行政との連携やパートナーシップに至るまで多岐にわたっている。ただ，これまでの地域開発や都市計画が施設建設やインフラストラクチャー（社会基盤）などのハード整備が優先されがちであったことを踏まえ，大学を核としたスポーツによるまちづくりの展開を考える際には，大学という場所で多様な活動をする学生，教職員，校友，また大学近隣の住民や自治会，さらには民間企業などが「大学」でどのような営みをするのかを具体的にイメージする必要があるだろう。同時に，大学という場所やそこで紡がれた多様な人々の関係性がどのように機能し，育っていくのか，成長していくのかというプロセスに目を向けるべきであり，それに対して大学だけでなく，行政や企業，また地域住民がどのようにかかわるか，またかかわっていくべきなのかという「人間と組織とのかかわり合いやありさま」について言及する必要があると思われる。なぜならば，吉野（1997）が述べているように，まちづくりには，そのまちのために興される「全てのアクション（行為）を含む公共的営為」という意味合いが含まれるため，大学というコミュニティに参画する全ての人々の存在やその人々の主体的かつ創造的な活動が，コミュニティに参画する人々の広い意味での生活を豊かにするとともに，コミュニティそのものの発展や成熟とのかかわりで論じられなければ，まちづくりという言葉が一人歩きしてしまいかねない。

2 健康づくり事業がコミュニティにもたらす影響

　少し古い事例ではあるが，スポーツによるまちづくりを考える上で，示唆に富むケースを紹介したい。筑波大学国民体力特別研究プロジェクト・チームが茨城県大穂町（現つくば市）の住民全体に対して，メディカルチェック，体力測定，運動プログラムを導入した結果，1世帯あたりの医療費負担額が年々軽減し，プロジェクト実施から5年後には，周辺の4町村よりも1世帯あたり年間およそ2万円の医療費負担額の軽減効果がみられたことを報告している（池

上, 1982)。つまり，地域住民に対する包括的な健康増進に対する取り組みが医療費の削減につながったという結果である。大学との共同事業を展開するか否かは別として，同様のシナリオを描き，多くの地方自治体は，医療費削減や介護予防事業を目論んでいることだろう。しかしながら，この研究プロジェクトが時間的な経過とともに縮小され，大穂町民に運動指導が行われなくなった翌年には，周辺の4町村に迫る勢いで，医療費が再び上昇したということも報告されている。

　このプロジェクトで地域における健康づくり事業が医療費削減という経済効果をもたらすことが示された一方で，推測の域は超えないものの，プロジェクトに参画していた町民は，いわば「上げ膳据え膳」の状態で活動に取り組んでいたと考えられ，プロジェクト実施期間中に健康づくりに対する主体的な態度形成や行動の習慣化を促進することができなかったという皮肉な結果も実証されることになった。つまり，健康づくりのみならず，まちづくりや新しい価値体系や行動を普及，さらには定着化を図る際には，人間関係や環境的な側面を含め，行為の主体となる参画者一人ひとりの行動や生活を包括的に捉えたライフスタイルを確立する提案が不可欠となる。同時に，行為の主体者が過度に依存するような状況を生み出すことは，価値の普及や行動の習慣化を阻むだけでなく，コミュニティを形成する一人ひとりの自律と自立をも阻むことを，我々は理解しなければならない。

3 大学を核としたスポーツによるまちづくりを進める視点

　ウェストバージニア州の農村学校の指導主事であったHanifan（1916）は，学校が成功するためには地域社会の関与が重要であることを主張するために，善意，仲間意識，共感，そして社会的交流は欠くことのできない要素であり，近隣との交流がなければ，社会的に支援されることはなく，人々がつながりをもつことが地域社会全体の発展にとって重要であると述べた。そして，その「善意，仲間意識，共感，社会的交流」の蓄積をソーシャル・キャピタル（社会関

係資本）だと説明した。現在，ソーシャル・キャピタル研究の第一人者として知られるPutnam（2000）は，ソーシャル・キャピタルを「個人間のつながり，すなわち社会的ネットワーク及びそこから生じる互酬性と信頼性の規範である」と定義づけ，一般化された互酬関係をともなった社会的ネットワークと，それによって培われた信頼感は，社会生活をスムーズにし，協調的かつ効率的な社会を生み出すための素地になるものと考えられている。つまり，大学を核としたまちづくりを進める際には，どのような仕掛けを施すことが，ソーシャル・キャピタルの醸成につながるのかを考えることが重要になると思われる。

　大学がソーシャル・キャピタルを醸成する場となるためには，親しみやすく，近づきやすく，使いやすい「コモンズ」として機能する必要がある。コモンズとは，「共有地」を意味するが，大学が有する様々な資源，とりわけ，施設や設備を中心としたハードウェアに着目されがちであるが，知識やアイディアを中心とした英知に溢れるソフトウェアを最大限に活用しながら，多様な人々のハート（想い）をつなぎ，大学はこれまでにない新しい価値やスタイルを生み出す「コモンズ」にならなければならないであろう。先に示した事例から学ぶならば，大学で健康づくりプログラムを提供するだけでは，新しい価値やスタイルも生み出されないため，大学にわざわざ足を運ぶに足る「創造的な活動」が不可欠である。例えば，豊富な自然資源を有する大学ならば，手作りのトレイルランやトレッキングコースを参画者とともにプロデュースすることもできるであろうし，映像系や情報系の学部を有する大学であるならば，プロジェクションマッピングやICTの技術を駆使し，民間企業との共同開発による運動プログラムをプロデュースすることも可能であろう。また都市中心部に位置づく大学であるならば，タウン誌や市民団体など，これまでコラボレーションを図ることがなかった組織間や資源間の組み合わせを考え，地域に埋もれているまちの魅力発信や資源の有効活用を図ったり，既存の方策や価値観を刷新し，新しい発想やアイディアを地域の課題解決につなげたりするような組織間連携や新しいライフスタイルをプロデュースするようなことができるかも知れない。

前例や前に倣うことが多い我々は，新しいことに挑戦することを避けて通りがちである。なぜならば，そのようなアクションを起こすには，ヒト，モノ，カネ，時間，そして莫大なエネルギーを要すると判断するからである。絶えず新しいものを求めることがよい結果をもたらすとは限らないが，日進月歩発展を遂げる技術革新のように，人間が進化を遂げ，成長するプロセスには，滞った既存の枠組みから逸脱し，新しい胎動を生み出そうとする革新的なアイディアやエネルギーの創出が不可欠である。新しい創造をするために，大学が核となり，多様な価値観や資源を有する人々を巻き込みながら，「まちづくり」という共通性の高いコンセプトのもと，互いに歩み寄り，補い合う，互恵性による相互依存の関係を構築することが重要である。同時に，大学本来がなすべき重要なミッションの1つである，「人を育て，社会を豊かにする」ということに手掛ける必要があるだろう。つまり，大学が文化や価値，また技術といった英知を提供する場となるだけでなく，大学とかかわり，その英知を享受した人が，新しい文化や価値，また新しい技術を生み出し，新しい未来を創り上げる担い手であるという自覚を持った「人財」を育成するということだ。人間の状態や価値観を変え，態度を変え，そして行動を変える。大学が取り組むべき社会づくりとは，このような個人の思想を変革し，新しい社会に相応しい社会システムを構築することといえるであろう。

参考文献

延藤安弘（1996）『まちづくり読本』晶文社．

Hanifan, L. J.（1916）"The Rural School Community Center," *Annals of the American Academy of Political and Social Science*, 67： 10-138．

池上晴夫（1982）『運動処方』朝倉書店．

Putnam, R. D.（2000）*Bowling Alone : The Collapse and Revival of American Community*, Simon & Schuster, NY.（ロバート　D. パットナム：柴内康文訳（2006）『孤独なボウリング――米国コミュニティの崩壊と再生』柏書房．）

吉野正治（1997）『市民のためのまちづくり入門』学芸出版．

（長積　仁）

Column 10　立命館大学／地域貢献事例

■スポーツ健康コミュニティの推進事例（立命館大学）

　立命館大学はスポーツ政策に関して，「大衆化と高度化の統一」を理念に掲げ，政策を展開してきた。スポーツ振興に関わっては，「立命館憲章」の下に「立命館スポーツ宣言」を2014年に制定した。この中で立命館は，スポーツを通じて，老若男女を越えた地域コミュニティの形成と発展に携わり，地域社会の健康で豊かなコミュニティづくりに貢献することを社会的役割の一つとすることを謳っており，体育会学生のみならず広く学生スポーツ全般にその考えは浸透している。スポーツ・健康をキーワードに大学と地域の関係をより高度にすることを目指し，衣笠キャンパス，びわこ・くさつキャンパス，大阪いばらきキャンパスにて様々な取り組みが進められている。

　それらの取り組みの一環として，2016年9月にはBKCスポーツ健康コモンズが設置された。地域との共存を施設の設計段階から目指し，一般学生と体育会学生を対象とした試験的な運用期間を経て，2017年10月より受講生として学生，教職員に加え地域住民の方々も対象とした様々なプログラムを実施している。今後は大学の研究成果を応用したプログラムの実施が検討されている。プログラムの前後では体育会学生のトレーニングも行われ，休憩エリアではそれらの人々が共に時間を過ごすことができる。これまでにない人と人との交流が生まれ，さらには大学（人材・知見・施設）を核とした新たなスポーツ健康コミュニティが創造されることを期待している。

　また学生団体による地域連携の取り組みとしては，1000人を超える体育会学生が参加する地域清掃活動，学生団体FB＋1（エフビープラスワン）による健康増進企画や，学生団体AVA（Athlete Volunteer Association）による学生アスリート，一般学生，地域と連携した祭事等の行事協力，体育会ホッケー部による小学生を対象としたスポーツ教室の開催などが挙げられる。

■スポーツ健康コミュニティの企画事例（立命館大学）

　スポーツ健康コモンズでは，地域の人が大学に足を運んでもらえるように様々な取り組みを実施しているが，そのうちの一つが「挑戦したいを応援する

運動フェスティバル」である。本イベントは,「挑戦してみたい」を実現するために文部科学省 COI に採択された「運動の生活カルチャー化により活力ある未来をつくるアクティブ・フォー・オール拠点」が中心となり,産・官・学・地が一体となりイベントを実施した。産学連携をしている企業による連携事例の製品や商品の展示・販売の実施,また地域の方々（2016年度に累計300名）には,大学での研究プロジェクトや取り組みを体感していただいた。

最も参加者の目を引いたのが超指向性スピーカー※である。体育館内に防音の間仕切りがないにもかかわらず,このスピーカーを使用すれば音によりエリアを二つに区切ることができる。この技術により,ヨガと子ども運動教室など異なる世代の参加者が相互に視認できる空間の中で,同時に運動できる場を提供することができた。

図7-2　超指向性スピーカーによる空間
　　　　シェアリング

※超指向性スピーカー（パラメトリックスピーカー）…指向性の高い音を使うことで壁による間仕切りなく,音で空間を分けることができる空間シェアリング技術を活用し,運動をしやすい環境づくりを実現している。

このような仕掛けにより,親子で安心して参加できることをアピールした結果,図7-3に示すように幅広い年齢層の集客を実現した。また有料での参加を希望する方が多く（図7-5）,今後は希望の多かったスポーツ・運動（図7-6）をテーマにプログラム開発を進める予定である。

【挑戦したいを応援する運動フェスティバルのアンケート結果】

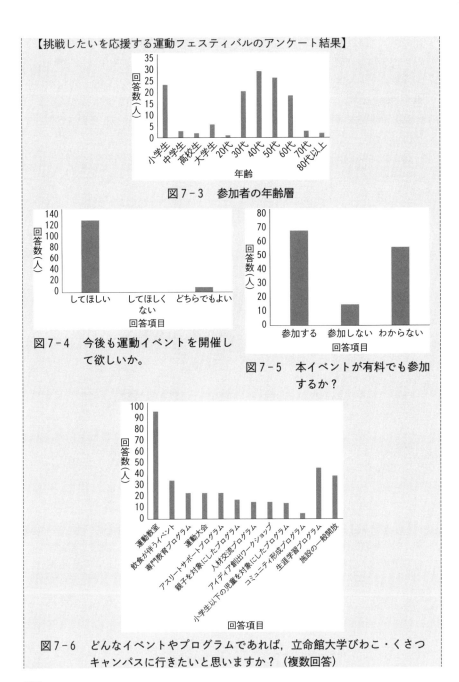

図7-3　参加者の年齢層

図7-4　今後も運動イベントを開催して欲しいか。

図7-5　本イベントが有料でも参加するか？

図7-6　どんなイベントやプログラムであれば，立命館大学びわこ・くさつキャンパスに行きたいと思いますか？（複数回答）

■地域スポーツ健康コミュニティの創生に向けて

　スポーツ・運動の継続はコミュニティを形成して，初めて実現することができる。地域におけるスポーツ健康コミュニティの形成は，地域のスポーツ団体等が担うケースがほとんどだが，担い手の確保や収益の課題など，継続的な運営が難しいケースが散見される。一方で，大学には物理的な施設に加え，健康・運動・生涯学習など大学が地域へ還元できる豊富な知見と研究成果，また大学生の若い力を活用することで地域のスポーツ健康コミュニティのハブとして機能する可能性を秘めてる。

　大学が健康維持や地域活性化の一翼を担うという理解のもと，本学では，今後，多くの学生が地域スポーツ健康コミュニティの創生に主体的にかかわれるように環境を整備することが不可欠である。学生と教職員が一体となって，産業界とも連携し大学が地域のスポーツ健康コミュニティのハブとしての役割を担えるように施策を展開していくことが期待される。特に体育会学生にとっては，スポーツ・運動を接点とした地域住民とのかかわりは自らの競技ファンを増やしていくための絶好の機会となるはずである。

　地域の方が気軽に足を運べるような持続可能なモデルやシステムをサービスとして提供し，産業の発展と人材育成の場としても期待できる場の実現を目指していきたい。

（斉藤　富一・原　健太）

Column 11　近畿大学／TOPアスリート教育事例
──ペルー共和国野球振興支援ボランティア連携

　スポーツのグローバリゼーションに対する関心が高まっている中，国際社会では，スポーツを通じた社会貢献活動を実現するという具体的な取り組みが広がりつつある。

　2020年夏季オリンピック・パラリンピックの開催地が東京に決定したことにより，政府は2014年から2020年までの7年間で開発途上国をはじめとする100カ国以上・1000万人以上を対象にスポーツ分野での国際貢献事業を行うこととなった。

　この国際貢献事業がSport for Tomorrowである。Sport for Tomorrow

の活動領域は，①スポーツを通じた国際協力及び交流，②国際スポーツ人材育成拠点の構築，③国際的なアンチ・ドーピング推進体制の強化支援がある。

　近畿大学と独立行政法人国際協力機構（Japan International Cooperation Agency：JICA）はこれまでにもボランティア事業をはじめ，科学技術協力やBOPビジネス連携促進，専門家の派遣など，様々な分野で連携してきたが，2014年からペルー共和国における野球の普及・振興を図るとともに，大学の国際協力分野における人材育成に資することを目的に毎年1カ月程度，野球部員10名程度を派遣することで合意した。2016年度に契約期間を満了したが，近畿大学やJICA，ペルー共和国の野球関係者など両国間の関係者がペルーでの活動評価を行った結果，2020年まで契約を延長し，引き続きペルー共和国の野球の競技力向上及び普及活動に取り組むことになった。

　この「ペルー共和国野球振興支援ボランティア連携」は前述した政府が推進するスポーツ国際貢献事業"Sport for Tomorrow"の一つとして位置づけられる。

JICAボランティア【野球分野】派遣実績

　JICAボランティア事業は，独立行政法人国際協力機構（JICA）が日本政府のODA（Official Development Assistance）の一環として実施する事業で，自分の持っている技術や経験を生かしてみたいという強い意志を持っている国民が開発途上国や中南米の日系人社会の人たちと生活を共にし，経済・社会の発展などに寄与することを支援している。

　1965年の事業開始以来，88カ国約5万1000人を派遣し，スポーツ分野ではこれまで約3500人が派遣された。野球分野では1970年，隊員を初めてフィリピンに派遣して以来，アフリカ，アジア，中南米地域等に約350人の野球ボランティアを派遣し，野球の普及・振興と野球人材の質的向上に寄与している。

ペルーと野球

　ペルー共和国は，1873年に中南米で最も早く日本と外交関係を設立した南アメリカ西部に位置する共和制国家である。北にコロンビア，北西にエクアドル，東にブラジル，南東にボリビア，南にチリと国境を接し，西は太平洋に面している。首都はリマ，面積は約129万平方キロメートル（日本の約3.4倍），人口は約3115万人（2015年1月推定値，ペルー統計情報庁），民族は先住民45％，混血37％，欧州系15％，その他3％，言語はスペイン語（他にケチュア語，ア

イマラ語等），産業の中心は，銅・鉛・亜鉛・銀・金などの鉱業である。また，10万人を超える日系人が暮らしており，考古学，人類学などの研究活動の交流が活発に行われている。

　南米大陸では様々なスポーツが行われているが，他のラテンアメリカ諸国と同じようにもっとも盛んなスポーツはサッカーである。

　野球は100年を超えるペルー日系移民の歴史の中で，娯楽として，また心の支えとして親しまれてきている。歴代の野球連盟の会長は日系人が勤めており，野球を通じて日系人の団結力が高まっている。現在は，日系人，非日系人を問わず少しずつではあるが野球が浸透してきている。競技人口は約1000名，WBSCランキング42位とメジャー競技とはいえない。

フロンティア人材育成

　グローバル化が進展している世界の中で様々な場で活躍できる人材の育成が急務となっている。「ペルー共和国野球振興支援ボランティア連携」の主な目的は"野球を通じた青少年の健全な育成"，"野球競技力向上及び競技人口の底辺拡大"，"学生等の異文化理解の促進"である。現地では，長期のボランティアと共に①選手への技術指導，②普及を目的とした青少年を対象とする野球教室の開催，③試合によるデモンストレーション，④試合・大会の運営支援（審判，スコアボード係り等を含む）のほか，JICA隊員の活動現場視察や日系人の施設訪問等も行った。

　野球の技術指導をする際，礼儀，規律，躾を重んじた野球指導を行い，現地からは非常に高い評価を得ている。学生は派遣前研修で，海外における安全対策，生活習慣と健康管理，任国事情，異文化理解などの講習を受け，筆者と共に最低限必要なスペイン語を学修した後，現地でボランティア活動を行った。

　多くの学生が参加した近畿大学産業理工学部では，「フロンティア人材」（大きな行動力と高いコミュニケーション力を備え，自らが置かれた状況の中で，自ら課題を発見し，その解決策を見出していく主体的な対応能力を持った人材）を世に送り出すことを目的としている。ボランティアに参加した学生からは，「文化風習が異なり，言葉があまり通じない中，自ら考え相手の立場になって行動した」，「異文化や多様な考え方を受け入れる柔軟性が大切」という感想が聞かれ，印象的であった。

　スポーツは言語や民族，宗教などの違いがあっても心が通じ合える共通の文化である。

地球の裏側で大好きな野球を通じて国際交流，社会貢献活動をした経験はフロンティア人材育成への一助となることであろう。

(黒田 次郎)

Column 12　武庫川女子大学／スポーツセンター事例

　大学におけるスポーツの振興は，大学のスポーツ施設の地域住民への開放や総合型地域スポーツクラブの運営を通じて，大学の枠内にとどまらず，広く国民の健康増進に資するとともに，地域・社会の活性化の起爆剤となりうるものである(文部科学省(2017)「大学スポーツの振興に関する検討会議最終とりまとめ」)。今や地域におけるスポーツ文化の醸成のために大学に寄せられる期待は大きい。実際に運動部があり，多くの学生がおり，運動施設を有する大学は，地域連携を目的としたさまざまな事業を取り組んでいけるのではないだろうか。

　兵庫県西宮市にある武庫川女子大学は大学6学部14学科，短期大学7学科を擁し，学生数は大短あわせておよそ1万人の女子総合大学である。阪神電鉄鳴尾駅が最寄りで，隣駅には阪神甲子園球場がある。大学周辺はマンションや住宅が多く立ち並び，病院や大型商業施設もあるため，多くの子育て世代の家族や中高齢者が暮らしていて，地域の人々との連携を取りやすい環境にある。そこで本学が取り組んでいる地域連携事業として，（1）総合型地域スポーツクラブ「スポーツクラブ武庫女」と（2）大学施設で開催するホームゲームの開催について紹介したい。

（1）総合型地域スポーツクラブ「スポーツクラブ武庫女」

　スポーツクラブ武庫女では，地域貢献および運動部強化支援の拡充を目指して，2014年健康・スポーツ科学部健康・スポーツ科学科が主体となって開設した。設立の目的は子どもから高齢者の市民に各種スポーツや身体活動の正しい指導を受ける機会を通して，仲間とのコミュニケーションやチームワークを図り，コミュニティを育成し健康の維持・増進の場とする。また，スポーツライフを応援するために教養講座として，スポーツの理論や実践方法を提供することである。

現在は子どもを対象とした各種スポーツ教室（選手育成コース含む），大人向けの体力づくりやフィットネス教室，中高年者のための健康維持・増進プログラムなど，22プログラムを地域の人々に展開している。その中で幼児，小学生は普段触れることができないスポーツを体験することができ，早期からトップアスリートを目指すことができる。子どもが早くに特定のスポーツに出会うことで，中学校へ進学してからも競技がしたいと思い，すでに環境が整っている本学附属中学校へ入学する生徒がいる。また実際に大学生がスポーツクラブの運営に携わることで子どもたちの憧れの存在となる。このことが競技に対して良い動機づけとなり，世代を超えた相乗効果が生まれている。さらに各競技人口増加への一助にもなっていると考える。大人向けプログラムでも学生が大学で学んだことを指導する実践の場を与えることができ，教育の幅が広がっている。地域の方々からは「施設が整っていて，素晴らしい環境でスポーツができる」「料金が安い」「学校という環境だと安心して子どもを通わせることできる」など喜びの声が上がっている。スポーツクラブ武庫女を通して，地域の人々は新しく友達ができ，新しいコミュニティが形成される。さらに口コミで教室が広まり，地域の人々のおかげでコミュニティが拡充される。また一部の教室では定期的に発表会を行っている。それを家族や近所の人々が観に来ることにより，多くの人に大学を知ってもらう広報活動の一環ともなる。

（2）大学施設で開催するホームゲームの開催

　2017年6月に本学一般学生の大学スポーツへの興味を持たせるとともに，愛校心を養うことを目的に，米国のNCAAや英国BUCSで行われているスポーツカレッジデイを模範に，ハンドボールでホームゲームを開催した。広報活動から当日の運営まで学生主体で行い，当初は初の試みとなるため集客できるか心配であったが，収容人数150名を超える200名の観客を集めることができた。観客の大半は学生であり，一般学生に学生アスリートの活躍を肌で感じさせることで，学生が学生を応援する大学ブランディングの一歩となったと考える。またスポーツクラブ武庫女のハンドボール教室に参加している子どもたちやその保護者が観客として来場した。大学スポーツ振興のために開催した試合であったが，結果として総合型地域スポーツクラブを通して築いたコミュニティから地域の人々と繋がれたことは新たなコミュニティ創造の可能性を感じることができた。今後もスポーツ教室を開催することで大学と地域のコミュニティを拡充していき，ホームゲームや各スポーツの試合など，イベント開催時に地

域とともに大学スポーツを盛り上げることができるよう双方の活性化を狙いたい。スポーツを通して世代を超えるとともに，大学と地域といったコミュニティの好循環を創出することができればと考えている。

　今後コミュニティが拡大し，ホームゲームへの観客動員数が増加してくると，施設面での課題に直面することは必至である。大勢の観客を収容できる施設をもつ大学はまだ少ないのではないだろうか。日本の文化として大学スポーツを大学で観るという機会が少ないため，これまでの体育館・スタジアムはスポーツを「する」ために作られてきた。今後は大学施設の有効利用，大学スポーツのブランディングを考え，「みる」ための施設づくりを提案していき，大学を通したスポーツ振興が加速するよう推進していきたい。

(浅田　鈴佳)

「おわりに」にかえて

　かつて大学スポーツ（運動部活動）を，我々世代はクラブ，時には〇〇〇部とそのまま呼んでいた。わが国の発展に寄与した倶楽部の語源と呼応するかのように。その後，このクラブが所属する学生団体の総称である体育会という呼称で一般学生から呼ばれるようになった。当時，体育会学生はある種の階層を創っていた。その例として体育会所属と言うだけで合コンや就職活動（近年では就活と呼ぶらしい）において，一般学生達を一歩も二歩もリードすることができ，優越感を得ることができた。「体育会」，この響きには特別な空気が宿り，社会から温かく，勇ましくも捉えられていた。

　日本社会でバブルが弾け，その後のリーマンショックを向かえるあたりから，世間ではその特別な空気に違和感を抱き始めた。しかし，体育会の学生，OB・OG，その体育会を抱える大学でさえ，世間との空気の層ができ始めていることに気づかない，いやその心地良い空気に漂っていた。そのため，この空気が何かを語る必要がなかったのである。時が流れるにつれて，この空気がもたらす負の社会現象を度々発生させたことにより，彼らを特別視せざるを得ない不穏な空気を創り出してしまった。そしていつしか世間においても，この空気自体が何かについて語ることさえも遠ざけてしまった。

　一方，1964年の東京オリンピックをきっかけとして，わが国のスポーツの高度化と大衆化が進み，特に高度化するスポーツ競技の多くの競技者（アスリートという言葉が使用されるようになったのは近年のことである）は，現役大学生，もしくはその卒業生が実業団（企業スポーツをかつてはこう呼んだ）に所属しているものであった。彼らには明るい光が降り注ぎ，少し熱いくらいの空気を持っていた。体育会の空気とは対象的に，人々はこの空気について大きく

191

語り，讃える空気で充満されていた。

　わが国の場合，もし大学という存在がなければ，ここまで人々の生活にスポーツが定着し，競技が発展することはなかったと言えよう。2020年に開催される2度目の東京オリンピック・パラリンピックでも，多くの大学生，卒業生の競技者による明るい空気が醸成されていくことが予測される。

　これらの空気がつくられる背景には，日本社会における大学の位置づけが深く関わっていることは，既に読者の皆様はお解りであろう。その中でも，多くの関係者や国民が，「大学スポーツとは何なのだろう？」と微妙に思いながら日々を過ごされていたに違いない。2010年のスポーツ立国戦略，2011年のスポーツ基本法の制定を機に，この空気について公然と語っても良い空気が誕生したのである。その分析装置としての日本版NCAAのアイディアであったとも言えよう。

　そのような空気の中，著者は2016年11月，全国大学体育連合専務理事の小林勝法先生から大学スポーツマネジメント研究会へのお誘いのメールを頂いた。文部科学省やスポーツ庁によるアナウンスメント，メディアによる日本版NCAAの創設が報じられている渦中のことであった。当初は米国NCAA自体の偏向性に疑問を持っており，その模倣に対する抵抗感を抱いていたのも事実である。その後，2017年1月に行われた第1回大学スポーツ振興関西地区検討会に加えて頂き，さらに2018年4月発足の「大学スポーツコンソーシアムKANSAI」の12大学の発起人の1人となってしまった。

　全く真面目でなく，学生アスリートどころか学生にも値しない大学生活を過ごした不埒な元学生が，大学スポーツの未来を考えるなどとは夢にも思っていなかった。そして，このように本書の「おわりに」を書く大役を任せられるとは，未だに空気が読めない輩でしかないことの証明でもあり，流動化する現代社会の空気のなせる業でもある。

　本書を読んで頂くとご理解頂けるように，様々な領域を専門とする大学教

員・職員，スポーツ庁，産業界の方々に筆を執って頂いた。執筆者の皆様方は，おそらくスケジュール帳に1mmの隙間もないにも関わらず，針の穴を通すような形で原稿というパスを頂いた。ここになんとかゴールをゲットできることに，この場を借りて感謝の言葉を伝えたい。そして，編著者の末端として何度となく原稿に目を通させて頂いた中，ある「空気の塊」が著者に襲いかかってきた。熱く，触れると火傷をしてしまいそうな「空気の塊」である。この空気とは「なんなん？（何なの＝関西での表現）」と発してしまうものであった

　一介の編著者が生意気にも述べさせて頂けるならば，大学スポーツへの「危惧」と「希望」の空気ではないだろうか。国家レベルでの大きな変革の「空気の塊」が到来していることとは別の次元において，常日頃から体育会学生や大学スポーツの現実空間に漂い，これらの2つの空気が複雑に交錯した空間にて，「何とかしたい」，「何とかしよう」という空気を持たれていた方々がチームとして集い，駅伝の如く文字のタスキとして繋がれていなければ，このようなスピードでの完成はなかったのではないだろうか。

　また，なによりも関西という空間も「独特の空気（我々は決して独特とは思っていないが…）」を創造したこともあげられる。検討会の暗黙の空気として必ずオチを求められるということも皆様にご理解頂きたいものである。大学スポーツの未来への真摯な議論に笑いは欠かせなかった。そしてさらに，「もし，関西が鎖国したら日本の大学スポーツやスポーツは成り立つのだろうか？」などという妄想を命題として笑いに転換させながら，いつの間にか議論は軌道修正される空気があったことが，本書の完成をさらに加速させた。おそるべし関西と思って頂ければ幸いである。

　最後に，全国大学体育連合近畿支部長　伊坂忠夫先生（立命館大学スポーツ健康科学部学部長）の闊達とした空気を創り出すリーダーシップ，アリーナスポーツ協議会理事　花内誠氏（電通スポーツ局スポーツ2部部長）の「空気とは何か」を見据えたアドバイス，各編著者の皆様による高い次元での同調を産

み出す空気に感謝すると共に，各執筆者の皆様が心底に内包する空気を掛け値なく表出して頂いたことに深く感謝する次第である．そして晃洋書房編集部吉永恵利加氏には，エアーコンディショナーの役割を担って頂いたことによって，なんとか本書の完成まで辿り着けたとことに改めて感謝する次第である．

　日本版 NCAA に寄り添いながら，米国 NCAA の各カンファレンスを超越する補完性をもたらす関西の空気をご理解頂けるならば，本書だけでなく全ての大学スポーツ関係者にとっての「おわりに」ではなく「はじまり」となる．

　　2018年3月　古の都より

　　　　　　　　　　　　　　　　　　編著者方々の末端を担って

　　　　　　　　　　　　　　　　　　　　　　　　　上 田 滋 夢

《編著者紹介》(担当順，[　]内は編集担当箇所)

伊坂忠夫（いさか　ただお）[Chapter 1]
立命館大学スポーツ健康科学部　学部長，教授。
　1992年立命館大学理工学部助教授。1999年博士（工学）。2003年理工学部教授。2010年よりスポーツ健康科学部教授，2016年より現職。研究分野は，応用バイオメカニクス。文部科学省COIプログラム「運動の生活カルチャー化により活力ある未来をつくるアクティブ・フォー・オール拠点」の研究リーダー。主な著書として『スポーツサイエンス入門』（共編著，丸善，2010年）など。

花内　誠（はなうち　まこと）[Chapter 2]
株式会社電通スポーツ局スポーツ2部　部長。(一社) アリーナスポーツ協議会理事（2013年～），（公財）ヤマハ発動機スポーツ財団理事（2016年～）国立大学法人鹿屋体育大学客員教授（2017年～）。
　電通スポーツ局にて，ゴルフ（宮里藍），野球（サムライジャパン），バスケットボール（2リーグ統合）等を担当後，2016年文部科学省「大学スポーツ振興に関する検討会議」にて，「スポーツ産学連携＝日本版NCAA」を提案。

上田滋夢（うえだ　じむ）[Chapter 3]
追手門学院大学社会学部教授。
　京都教育大学大学院教育学研究科修了。日本サッカー協会強化委員会，京都教育大学，Ｊリーグ福岡，神戸，中京大学，名古屋グランパスで指導者・チームマネジメント責任者，大阪成蹊大学教授を経て，現職。専門はガバナンス論，組織社会学，戦略論。著書として『スポーツ戦略論』（代表編者，大修館書店，2017年）。

松永敬子（まつなが　けいこ）[Chapter 4]
龍谷大学経営学部教授（スポーツサイエンスコース），学生部長／スポーツ・文化活動強化センター長。
　大阪体育大学大学院修了。文教大学専任講師，大阪体育大学准教授を経て，現職。主な著書は，『スポーツ産業論入門 第6版』（共著，杏林書院，2016年），『新しいスポーツマネジメント』（共著，大修館書店，2016年），『よくわかるスポーツマネジメント』（共著，ミネルヴァ書房，2017年）など。

幸野邦男（こうの　くにお）[Chapter 5]
武庫川女子大学健康・スポーツ科学部健康・スポーツ科学科講師，スポーツセンターディレクター，水泳部副部長。
　アリゾナ大学卒業，アラバマ大学院修了。米国NCAA一部リーグ大学（アリゾナ大学，アラバマ大学，ネバダ大学ラスベガス校）水泳部アシスタントコーチを経て，日本人初となるヘッドコーチにニューメキシコ大学で就任。24年間におよぶ大学レベルからオリンピックレベルまでのエリートコーチングの経験をいかし，現職。

藤本淳也（ふじもと　じゅんや）[Chapter 6]
大阪体育大学体育学部教授，学長補佐。
　鹿屋体育大学大学院修了。1993年大阪体育大学助手，イリノイ大学客員研究員，フロリダ州立大学客員研究員を経て，現職。専門は，スポーツマーケティング。著書として『スポーツマーケティング』（共著，大修館書店，2008年），『スポーツ産業論入門第6版』（共著，杏林書院，2016年）など。

長積　仁（ながづみ　じん）[Chapter 7]
立命館大学スポーツ健康科学部教授。
　大阪体育大学卒業，筑波大学大学院修了。徳島大学大学院ソシオ・アンド・アーツ・サイエンス研究部准教授を経て，現職。主な著書として，『新しいスポーツマネジメント』（共著，大修館書店，2016年），『よくわかるスポーツマネジメント』（共著，ミネルヴァ書房，2017年）など。

《執筆者紹介》(執筆順，＊は編著者)

＊伊坂忠夫	編著者紹介参照	はじめに，Chapter 1-02, 04
松畑尚子	龍谷大学法学部准教授(教養教育・スポーツサイエンスコース)	Chapter 1-01
＊長積　仁	編著者紹介参照	Chapter 1-02, Chapter 7-01, 03
＊松永敬子	編著者紹介参照	Chapter 1-03, Chapter 4-01, Column 4, Chapter 7-02
窪田通雄	龍谷大学名誉教授	Chapter 1-03
峰尾恵人	京都大学大学院農学研究科博士後期課程	Chapter 1-04
＊花内　誠	編著者紹介参照	Chapter 2-01, 04, 05
宮田由紀夫	関西学院大学国際学部教授，教務機構長	Chapter 2-02
川部亮子	前独立行政法人日本スポーツ振興センター 情報・国際部 契約職員(専門職)	Chapter 2-03
森岡裕策	前独立行政法人日本スポーツ振興センター審議役	Chapter 2-03
＊上田滋夢	編著者紹介参照	Chapter 3-01, 04, 05, Chapter 5-03,「おわりに」にかえて
庄子博人	同志社大学スポーツ健康科学部助教	Chapter 3-02
高瀬　進	京都大学大学院経営管理研究部特定助教(「京都ものづくりバレー構想研究と推進」寄附講座担当)	Chapter 3-03, Chapter 6-04
栁田昌彦	同志社大学スポーツ健康科学部教授	Column 1
秦　敬治	岡山理科大学副学長(教育担当)，教育支援機構教授	Column 2
山本章雄	大阪府立大学副学長(地域連携・生涯学習担当)，教授(健康・スポーツ科学)	Column 3
津田直哉	龍谷大学学生部／スポーツ・文化活動強化センター課長	Chapter 4-01
佐々木浩雄	龍谷大学文学部准教授(教養教育・スポーツサイエンスコース)	Chapter 4-02
大西孝之	龍谷大学社会学部コミュニティマネジメント学科講師	Chapter 4-03
横井豊彦	大阪産業大学スポーツ健康学部教授	Chapter 4-04
齋藤好史	大阪産業大学スポーツ健康学部学部長，教授，学校法人大阪産業大学理事	Chapter 4-04
林　直也	関西学院大学人間福祉学部教授	Column 5
＊幸野邦男	編著者紹介参照	Chapter 5-01, 02, 04
吉田良治	追手門学院大学客員教授，大学スポーツマネジメント研究会理事，HR リーダーシップアカデミー トータル・パーソン・プログラムファシリテーター，日本アメリカンフットボール協会指導者育成委員会副委員長	Column 6
＊藤本淳也	編著者紹介参照	Chapter 6-01, 02, 03

浦久保和哉	大阪体育大学スポーツ局統括ディレクター	Column 7
髙田義弘	神戸大学大学院人間発達環境学研究科人間発達専攻からだ系講座准教授	Column 8
涌井忠昭	関西大学人間健康学部教授，学生センター副所長	Column 9
斉藤富一	立命館大学スポーツ強化センタースポーツアドミニストレーター	Column 10
原　健太	立命館大学研究部 BKC リサーチオフィス 大学リサーチアドミニストレーター（URA）	Column 10
黒田次郎	近畿大学産業理工学部経営ビジネス学科准教授	Column 11
浅田鈴佳	武庫川女子大学スポーツセンタースポーツアドミニストレーター	Column 12

ASC叢書 1
大学スポーツの新展開
――日本版 NCAA 創設と関西からの挑戦――

2018年4月10日 初版第1刷発行		＊定価はカバーに表示してあります
2018年5月25日 初版第2刷発行		

監修者		一般社団法人アリーナスポーツ©協議会
編者		大学スポーツコンソーシアムKANSAI
発行者		植田　実
印刷者		藤森英夫

監修者の了解により検印省略

発行所　株式会社　晃洋書房

〒615-0026　京都市右京区西院北矢掛町7番地
電話　075(312)0788番(代)
振替口座　01040-6-32280

装丁　尾崎閑也　　　印刷・製本　亜細亜印刷㈱

ISBN 978-4-7710-3051-0

JCOPY 〈(社)出版者著作権管理機構 委託出版物〉

本書の無断複写は著作権法上での例外を除き禁じられています．複写される場合は，そのつど事前に，(社)出版者著作権管理機構（電話03-3513-6969，FAX03-3513-6979，e-mail:info@jcopy.or.jp）の許諾を得てください．